Geranium

ゼラニウムの文化誌

カシア・ボディ 著
Kasia Boddy

富原まさ江 訳

花と木の図書館

原書房

［……］は訳者による注記である。

スカーレット・ゾーナル・ペラルゴニウム。F・エドワード・ヒュームによる多色石版画。

序章　魅力的な花の名は

1947年に当時19歳のシャーリー・テンプルが主演した『どたばたハネムーン』という映画がある。アメリカ中西部出身の「気まぐれなティーンエージャー」が頭を打った拍子に隣家に住む婚約者（ガイ・マディソン）のことを忘れてしまい、洗練された外交官（フランチョット・トーン）が恋人だと思いこむハリウッドコメディだ。[1] シャーリーとフランチョットの組み合わせはどう見てもちぐはぐで、その違和感はシャーリーがお気に入りの花を歌で伝えるシーンで決定的になる。

ランの花が好きな娘もいれば
1マイルもありそうな茎に咲くバラや
クチナシを好む娘もいる
ツバキの花に心を打たれたり
つつましいブーケや

バレンタインデーにもらう小さな花束を喜ぶ娘も
でも、私は違う
どれも私の趣味じゃない

私が好きなのはゼラニウム
それも真っ赤に色づいた

そして、ゼラニウムを見るたびに
あなたのことを思うでしょう[2]

当然ながら、真っ赤なゼラニウムのイメージにぴったりなのは洗練されたフランチェットではなく、陽気で不器用なガイのほうだ。この恋のさや当ては、シャーリーがお気に入りの花に似つかわしいガイを選んでハッピーエンドを迎える。

シャーリーのように真っ赤なゼラニウムが好きな人は多いだろうし、そうでなくてもゼラニウムを完全に避けて暮らすのは無理な話だ。バーミンガム、ベルン、ブリスベン、バークレー、バンガロールなど、世界のどの街を歩いていても必ずゼラニウムの花が目に入る。窓台に置かれた植木箱から顔を出していたり、パブの天井からつり下げた籠にペチュニアと一緒に生けられていたり、非常口付近に置かれた鉢に植えられていたり、オフィスの窓際のブラインド越しに日光浴をしていた

『どたばたハネムーン』（1947年）より、シャーリー・テンプル、フランチョット・トーン、ガイ・マディソン。映画スチール。

り、博物館の正面にぎっしりと植えられてまばゆいばかりに輝いていたり。偉人の銅像はゼラニウムに囲まれているおかげで通行人に注目してもらえるのか、それともアメリカの詩人ウォレス・スティーブンスが危惧したように、こうした記念碑は単に「ゼラニウムを植えるための場所」だと思われているのだろうか[3]？

　特殊な気候の地域で誕生した真っ赤なゼラニウムは、ほかの多くの気候にも適応できることが証明されて現在では世界各地に生育している。愛好家によれば、この植物には「極めて優れた」、つまり「特別な権利や要求を主張しない」という特質があるらしい。

　使える肥料が決まっているわけでもなく、ゼラニウム特有の害虫や病気もなければ周囲の環境も選ばない。1年を通して楽しむことができ、花期には華やかに咲き誇って注目を集め、花が散っても多すぎるほど茂った葉が残る。たとえどこであっても、少々生育環境が合わない土地でもゼラニウムは置かれた場所に落ち着き、そこを永遠の住み処にするのだ。[4]「身近な愛すべきもの」を象徴する花を探していた詩人のエド・ドーンが、深紅のゼラニウムに目を留めたのも納得できる。[5]

もちろん、その深紅のゼラニウムは植物学上の「ゼラニウム」であるフウロソウ属（学名 Geranium）ではなく、テンジクアオイ属（学名 Pelargonium x hortorum）のペラルゴニウムだったと思われる。専門家はこのような間違いに顔をしかめるが、この2種が混同されるのは言わば日常茶飯事だ。

この混乱は、17世紀にアフリカ南部からヨーロッパに初めてペラルゴニウムが持ちこまれたときに始まった。この柔らかい低木には、ヨーロッパ人がゼラニウムと認識していた丈夫な多年草と同じく5つの鞘《さや》を持つ5枚の花弁があり、鞘はツルの細長いくちばし、花弁は頭の形に似ていた。[6]もっとも、鞘の形状が同じとはいえ、植物学者はすぐにゼラニウムとペラルゴニウムがまったく異なる種であることに気づく。多くのゼラニウムは、同じ形の5枚の花弁と花粉を出す10〜15本の雄しべからなる線対称な花だ。一方ペラルゴニウムの花は非対称で、上部の2枚の花弁と下部3枚の花弁は大きさや形、模様が異なる。そして蜜腺を持ち、雄しべは2〜7本だけだ。また、ゼラニウムにはペラルゴニウムと違って赤い花はつかない。

こうした形態の違いを見過ごすわけにはいかず、オックスフォード大学の植物学者ヨハン・ヤーコプ・ディレンは1732年、「非対称な花をつけるゼラニウムの新しい属を設定するなら（中略）

赤いゼラニウム花壇の中に立つレーニン像。サンクトペテルブルク、スモーリヌイ研究所内レーニン記念館にて。

壁一面を飾るゼラニウムの鉢。アンダルシアのコルドバで開催された「パティオ祭り」にて。

ゼラニウム《Geranium》という属名がツルにちなんでつけられたように、ギリシャ語でコウノトリを表すペラルゴニウム《Pelargonium》とつけるのはどうか」と提案した。[7] わずか数年後に当時最も影響力のあった植物学者リンネによってにべもなく否定されなければ、ディレンの提案は定着していたかもしれない。リンネは著書『植物誌』（１７５３年）で、種子植物の二命名法という画期的な分類法を確立した。二命名法とは、ラテン語表記で属名の後にその植物を形容する語をつける命名法だ。たとえばPelargonium peltatumは盾形の葉を持つペラルゴニウムという意味で、現在は一般にアイビーゼラニウムという名で知られている。リンネの著書には20種のペラルゴニウムが掲載されているが、リンネもその周囲の専門家たちもゼラニウムとエロディウム（オランダフウロ）というペラルゴニウムに関しては、外形的な差異が別の属であることを決定づけるには至らないと判断している。[8]

　最終的にゼラニウム属からペラルゴニウム属を分離した「張本人」とされるのは、フランスの貴族で熱心なアマチュア植物学者だったシャルル＝ルイ・レリティエだ。18世紀後半は植物学者には最良の時代だったかもしれないが、フランス貴族としては最悪の時代だったことは間違いない。１７８７年から１７８８年にかけて、レリティエは迫りくる革命の炎にはほとんど関心を示さず、植物画家ピエール＝ジョセフ・ルドゥーテが大半を手がけた挿絵つきのフウロソウ科植物の解説書をまとめて流通させた。その後は『フウロソウ図譜 *Compendium Generalogium*』を完成させることなく、植物目録第一号を作成していたキューガーデン〔ロンドンの王立植物園〕園長ウィリアム・エイトンを手伝うためにロンドンに渡る。だが、パリに戻ってからは仕事も私財の大半も失い、植物学に関する著作を出版する余裕もなくなった。１８００年に彼は暗殺され、後に著作のごく一部のみが回収されている。[9] 今日レリティエは、未発表の原稿やエイトンの『キューガーデン目録 *Hortus Kewensis*』に21種のペラルゴニウムについて記載し、さらに重要なことには植物学上のペラルゴニウム属の分離を確立した人物として知られている。

とは言え、この分離を定着させるのは容易ではなかった。当時からさかのぼること150年前にはアフリカから「ゼラニウム」がイギリスに持ちこまれており、商業栽培者や園芸家はこの慣れ親しんだ名を手放すことに消極的だったのだ[10]（他のヨーロッパ諸国ではイギリスに遅れてこの植物が普及したため、それほど問題にならなかった）。植物学者と園芸家の対立は、苗木商ヘンリー・アンドリュースの『ゼラニウム *Geraniums*』（1805～1806年）という単純明快なタイトルの書物でも明らかだ。アンドリュースは「リンネによる属の分割」は大間違いだと確信しており、もし新しい分割方法が採用されても「その植物科学への道はいびつな形の廃材でふさがれ、おとぎ話の城のように恐ろしい小人に守られている。そんな場所に足を踏み入れたがる者は、植物学界のドン・キホーテと言われても仕方あるまい」と断言した。[11] それ以来、この植物の名前を変えることで顧客が遠ざかることを苗木商が嫌ったように、詩人も自分とは異なる言語で草花を語る科学者に不快感を示すことが「定番になっていった」。[12] ワーズワースが「科学の人」を「実の母親の墓をも植物学の研究材料にする」と皮肉り、エマーソンが「摘んだ花を愛でることもせず、それが何の花であるかさえ知らない」若い学者を否定したのは有名な話だ。[13] 詩人が表現するのは愛だ。19世紀の美術評論家ジョン・ラスキンは、植物学者が植物を区別するために観察を行うのは「自分の植物標本室をいっぱいにするため」だと嘲笑した。詩人は「表現と感情を伝える媒体として[14]」植物に目を向ける。だが、「ペラルゴニウム」という語感はたしかに詩的ではないかもしれないが、「ゼラニウム」という一般に知られた名を嫌う者もいた。「たおやかで優美な」な響きではあるが、惜しむらくはこれもギリシャ語で、しかもこの植物の鞘がツル（geranos）に似ていることからつけられたのが気に入らないというわけだ。イギリスの著作家リー・ハントは『花』の名づけ方としてはあるまじき方法だ！」と憤慨している。「果実が花に匹敵するとでもいうのか、それとも誰もそんなことは気にもしていないのか。（中略）喜びをもたらすこの花にふさわしい、楽しげで美しい名前を編み出すのが世界のためというものだ[15]」

それから200年近く経った今も、命名論争は当時と同じ熱量で続いている。たしかにさまざま

フランス、ブヌ村の「ゼラニウムの日」。ブルゴーニュ地方のゼラニウムを讃えるポスター。

な矛盾があり、1冊の本や同じ園芸店のなかで「ペラルゴニウム」が香りの高いセンテッドゼラニウムやリーガル種、「ゼラニウム」は花壇植物と定義されていることは珍しくない。イギリスの映像作家デレク・ジャーマンは「ペラルゴニウムだって?」とぞっとしたように叫んだ。「僕にとって、ゼラニウムはゼラニウムだ」[16]。デレク・クリフォードは著書に『ペラルゴニウム：そして人気の「ゼラニウム」*Pelargoniums, Including the Popular 'Geranium'*』という紛らわしいタイトルをつけてこの問題を回避しようとしたが、ほかの大半の作家は『『ゼラニウム』(正確にはペラルゴニウム)」などの但し書きを用いて処理している[17]。専門家はもっと厳格だ。ダイアナ・ミラーは「現在の『ゼラニウム』という名称の誤用について弁解の余地はない」と主張し、ヘイゼル・キーは「プロ、アマを問わず園芸家が故意に濫用している」と非難した[18]。一方、「ペラルゴニウムおよびゼラニウム協会(Pelargonium and Geranium Society)」は、数十年にわたって独自の呼称について議論してきた[19]。いずれにせよ、この問題の根本は科学的な解釈の誤りというより分類学への無関心だろう。これから本書で行っていくのは植物学の研究にペラルゴニウムがもたらした貢献と、アフリカの「ゼラニウム」が表現や感情の手段として長年用いられている事象についての考察なので、植物学上の名称と一般的な呼び名を併用しても読者の皆さんを混乱させることはないはずだ。

第1章　アフリカから世界へ

２０１１年に発行された『ペラルゴニウム栽培品種の国際登録およびチェックリスト *International Register and Checklist of Pelargonium Cultivars*』には、１万６０００品種以上が掲載されている。原産種が数種しかないことを考えると、この交配種の多さには驚くばかりだ。最大のグループは直立茎の先に花が咲くスカーレットゼラニウムの変種で、テラコッタ鉢に植えて親しまれるとともに歌にも登場する。このグループの遠い祖先は、葉に馬蹄形の特徴的な模様がある Pelargonium zonale と、樹液がつくと染みになることから名づけられたP.inquinans《汚れ》だ。また、「アイビーゼラニウム」こと Pelargonium peltatum はつる性で、スイスのシャレー（木造家屋）のバルコニーから垂れ下がっていたりカリフォルニアのヤシの木の根元に絡みつくように伸びていたりするゼラニウムすべての親だ。一方、食品や化粧品業界では「ローズゼラニウム」と呼ばれる P. capitatum と、「強い香り」を意味する P. graveolens または P. radens の交配種の香り高い葉から抽出されるアロマオイルを重宝している。[1] 本書ではおもにこうした種と栽培品種を取り上げていくが、まずはその背景を端的に説明しよう。

◉アフリカにて

ペラルゴニウムは非常に多様な属で、常緑と落葉、低木と亜低木、つる性と匍匐《ほふく》性、茎多肉植物、塊茎《かいけい》植物、一年草など約280種から成り立っている。野生種でも高さが数センチから数メートルまで幅広い。葉の形もさまざまで、その植物の学名が何にちなんでつけられたかを考えれば形も想像がつくだろう。品種によってタチアオイ、ニンジン、スイバ、ハゴロモグサ、パセリ、シラカバ、カエデ、カシ、ツル、ツタ、サムファイアに似た葉を持つペラルゴニウムがある。[2] 直立した茎先に散房状の花をつけ、その形は星型、皿型、じょうご型、鉤爪型など多岐にわたり、ハエ、ハチ、蝶、鳥は口器の長短によって自分に合う花を選んで花粉を運ぶ。[3]

さらに驚くのは、これだけ多くの種が比較的狭い地域に生育していることだ。東アフリカに18種、オーストラレーシア［オーストラリア、ニュージーランドおよび近海の諸島］に8種、マダガスカルに2種、トルコに2種、そしてトリスタンダクーニャ島とセントヘレナ島にそれぞれ1種、合計32種のペラルゴニウムはかなり広範囲に分布しているが、そのほかはすべて南部アフリカが原産で、特にケープ植物区は世界6大植物区のうち最も狭く多様性に富んだ地域だ。アフリカ大陸の先端に位置する9万平方キロメートルの土地に、約1万種の植物が生育している。言い換えると、アフリカ大陸の0・5パーセントの土地にその20パーセント近くの植物が生育しているということだ。[4] この

ヤシの木とゼラニウム、カリフォルニアにて。

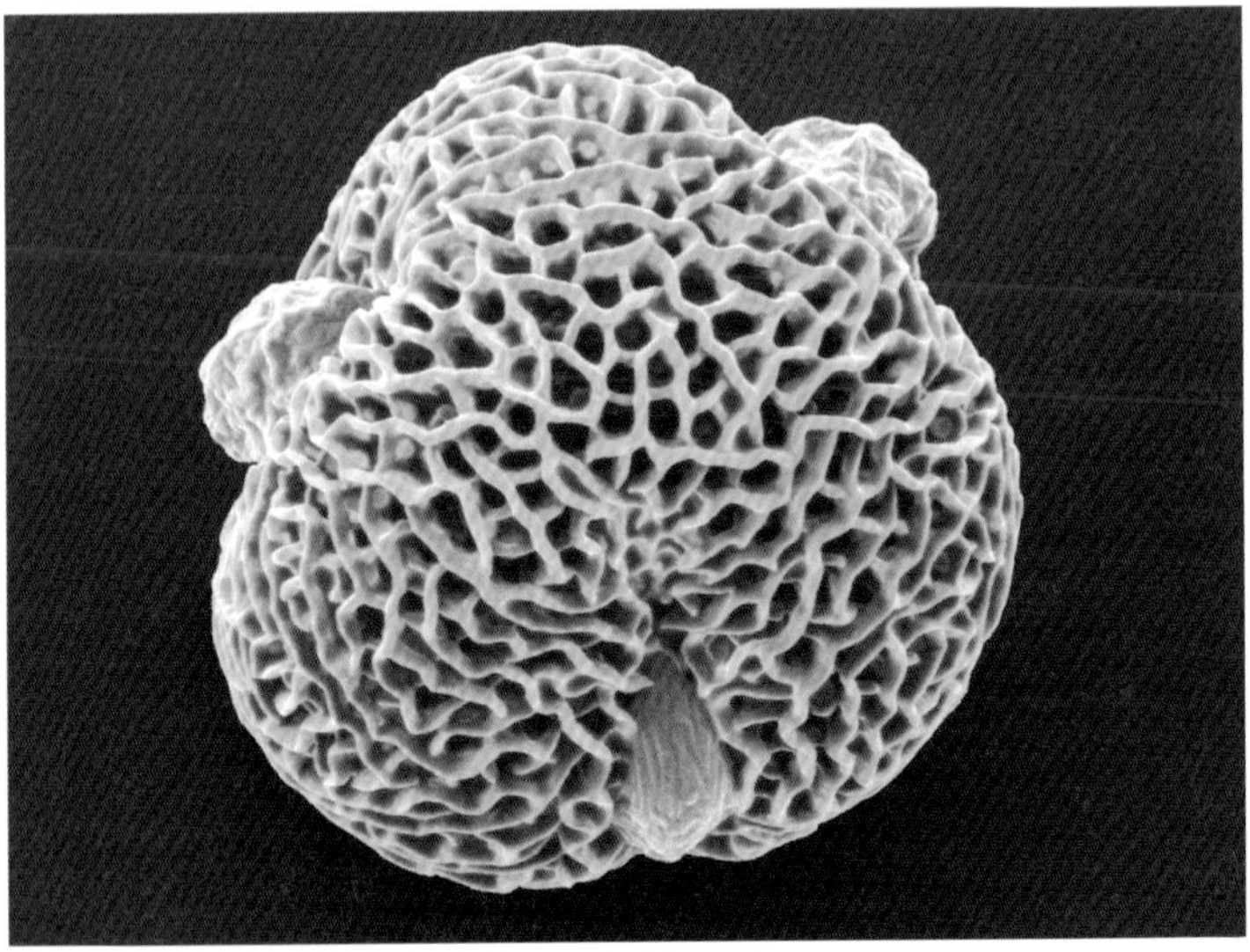

ペラルゴニウム花粉を走査型電子顕微鏡（SEM）で撮影したカラー写真。

地域に生育する植物の多様性に加え、その多く（70パーセント）が固有種であることも注目に値する。ケープは氷河期を免れた地域であり、比較的安定した気候であったことが今日これほど多くの植物種が生育する理由のひとつだと見なされている。[5]

ケープを訪れたらきっとその光景に圧倒されるはずだ。1882年、イギリスの植物画家マリアンヌ・ノースは東ケープ州ポート・エリザベス周辺を見て回り、おなじみのアイビーゼラニウム（P. peltatum）の祖先が、ヒョウタン、ルリマツリ、その他のつる性植物と「絡まり合って」生育している光景に驚いたという。実際に彼女が描いた「旧友」の絵には、ケープ地方に生育する華やかなランとプロテアも描きこまれている。[6] このノースの作品『南アフリカの旧友と仲間たち』は植物学的な見地に立つ作品というより、ダーウィンの「多種多様な植物で

マリアンヌ・ノース、『南アフリカの旧友と仲間たち』。1882年頃。油彩、板。

覆われた雑踏の提」という言葉で表現された生命の「壮大さ」への賛辞だ。[7] その壮大さを味わうのに、ケープ植物区以上に適した場所があるだろうか。

ケープ植物区の多様性は、アマゾンの熱帯雨林のような植物のホットスポット「生物多様性は高いが、生態系破壊の危機に瀕している地域」とは異なり、おもにこの地域内で発生して分岐し続けるか、異なる環境での生活に適応した数種類の大きなクレード（共通の祖先を持つすべての種の集まり）により成り立っている。通常、新しい種が生まれるためには個体群の交雑を防ぐための障壁を設ける必要があり、個体群が異なる進化の道を歩むなかで互いの違いが顕著になるにつれて自然選択の力が働くようになる。ケープ植物区はそれ自体が「事実上の島」であり、数多くの特徴的な生育地、微気候「地表面に接する大気層の気候」（特に降雨特性と関連して）、その地域特有の送粉者、「異なる土壌区の寄せ集め」[8]を擁《よう》しているのだ。たとえば、大部分が頁岩《けつがん》で成り立つ地域には砂岩の露頭が点在しており、「そのためそれぞれの砂岩の土地で異なる種が進化した可能性が高い」[9]。砂浜や山の岩肌から砂漠、サバンナまで、ペラルゴニウムはあらゆる環境に適応して生き抜いてきたが、そのうち約１５０種はフィンボス（灌木地帯）あるいは栄養分が乏しく、雑草に覆われた土地を太陽が照らす原野に生育している。こうした地域はケープ植物区の約半分を占め、「単一の狭い範囲（1平方キロ未満の場所もある）に非常に多くの地域限定種が生育するという特徴を持つ」[10]。

現在、南アフリカの植物の1／4は気候変動や農地および都市開発の影響で「保全危惧」種となっており、ペラルゴニウム22種は絶滅のリスクが「高い」、「非常に高い」、「極めて高い」のいずれかに当てはまるとされる。[11] オーストラリア、セントヘレナ島、イエメンでもペラルゴニウムの保護活

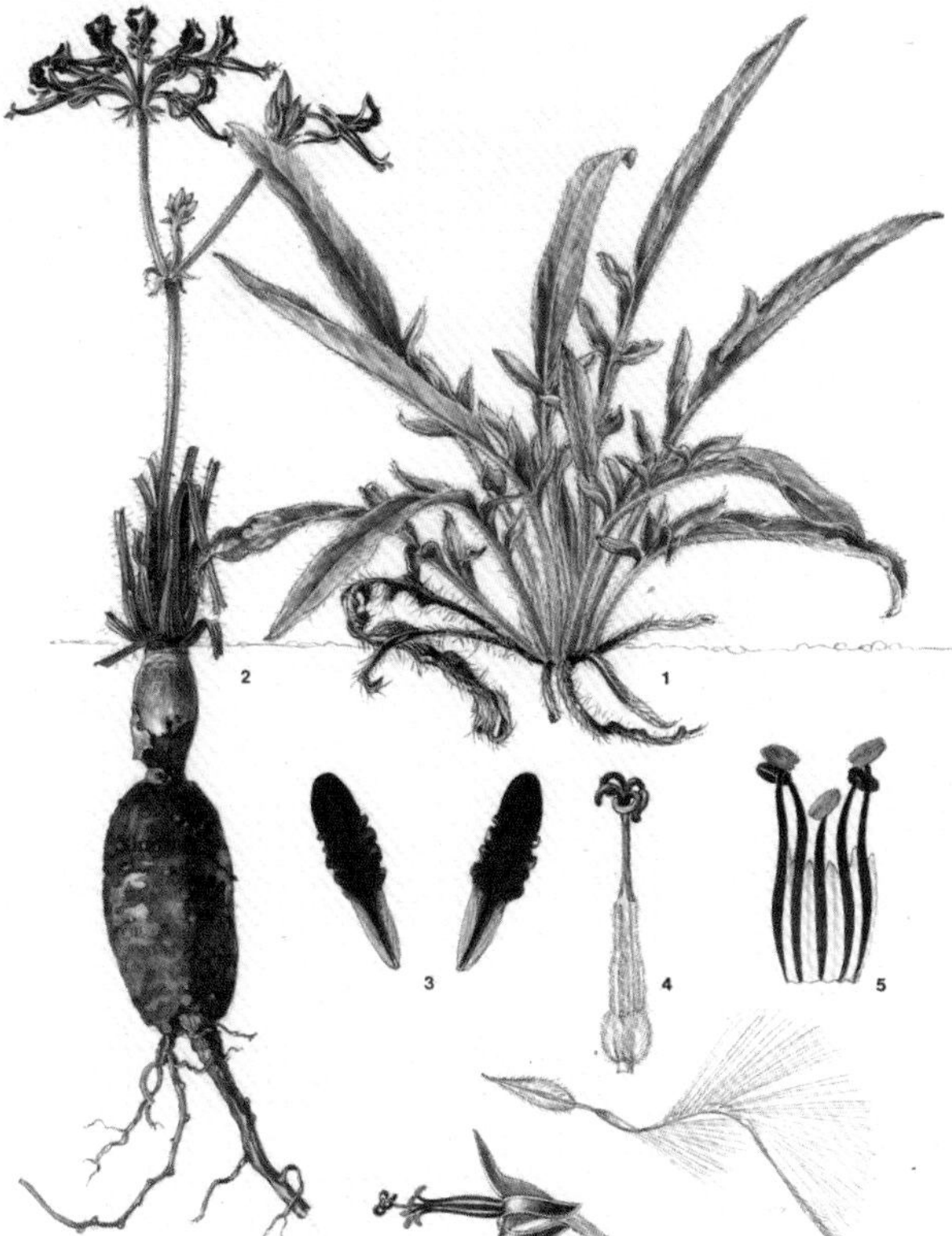

エラフィー・ウォード・ヒルホルスト、『ペラルゴニウム・エラフィエアエ』。水彩。

動が行われており、イエメンのP. insularisは1999年に発見されたばかりだがすでに「絶滅危機種」に指定された。[12]

ペラルゴニウムの多様性については19世紀以降に認識が高まり、下位群や節〔植物の分類のひとつで、属、亜属より下位〕の分類も進んだが、この属の再検討に関する最も充実した研究は直近の40年間に行われている。始まりは、J・J・A・ファン・デル・ヴァルト率いる南アフリカのステレンボッシュ大学の植物学者のチームが『南アフリカのペラルゴニウム *Pelargoniums of Southern Africa*』（1977〜1988年）全3巻を出版したことだ。植物画家エラフィー・ウォード・ヒルホルストが300点以上の図版を描き、その業績に敬意を表してPelargonium ellaphieae（ペラルゴニウム・エラフィエアエ）と名づけられた品種もある（現在は絶滅の危機に瀕している）。近年はDNA配列の解読が進んだことで植物学の新たな扉が開き、植物種のグループ間の系統発生（長期的な進化）における関連性が探究されるようになった。1800万年前に始まったとされるケープの冬季降雨地域における「何段階にも組み合わされた近縁種の分岐」[13]から、南アフリカとオーストラリアの種の関係、[14]さらにはフウロソウ科の異なる属との関係まで、多様化の速度と原因について新たな評価がなされている。ある研究によると、「フウロソウ科の進化の特徴として、祖先がアフリカ南部から世界の冷温帯（その多くはかく乱生育地）に分散してきたことが挙げられる」[15]。

Pelargonium属は現在ふたつの亜属に分類され、それぞれ染色体の大きさと地理的分布に相関関係が見られるという。亜属のひとつは「ペラルゴニウム」で、小型染色体を持つ種が全種の約80パーセントを占める。これらの植物はケープの冬季降雨地域（夏は高温乾燥、冬は低温多雨の地中海性

南アフリカ、乾燥したタンクワ盆地に咲く P. magenteum。

P. cortusifolium。ナミビア共和国リューデリッツ近くの海岸で2003年撮影。

南アフリカ、ブレード・リヴァー・ヴァレーのウースター近郊に生育する P. triste。

気候の地域）で生育し、そのなかには「大半のセンテッド種の親であるエンゼルペラルゴニウムやユニーク、さらにはすべてのリーガル種ペラルゴニウムの祖先であるP. cucullatumも含まれている」[16]。もうひとつのシコニウム亜属は大型染色体を持っており、輪紋のあるツタ状の葉がつくペラルゴニウムの祖先となった種も同じ仲間だ。

●常に新しいものを

南アフリカ原産の植物が収集され、世界に分布するようになったのは16世紀後半——インドへの航路を求めていたポルトガルの航海士バルトロメウ・ディアスが喜望峰を発見してから100年後のことだ。この時代は植物界における大航海時代の幕開けであり、オランダ東インド会社の香辛料船は、商品としても植民地支配の象徴としても利用価値が高いと思われる植物をヨーロッパに運ぶのに最適な手段だっ

サフォーク州ウェンハストンにあるウッテンズ園芸店のP. triste。2010年撮影。

た。当時は新鮮な植物を輸送するのは困難だったためおもに種子や球根、乾燥した植物が持ちこまれたが、それでも航海の間乾燥した状態を保ち、ネズミの被害を避けるのは容易ではなかった。商船は多くの港に寄港したが初期の記録管理はかなりいい加減で、どの植物がどこで採取されたのかがはっきりしないことが多かった。1597年にライデン大学の植物園リストに掲載された最初のケープ原産植物は丈夫なプロテアだが、当時はマダガスカル産のアザミと考えられていた[17]。

ヨーロッパで最初にペラルゴニウムが栽培された記録は1633年の文献にある。最初はインド原産と考えられていたため、リンネ以前の長い命名法で「甘いインドのコウノトリのくちばし（あるいは色鮮やかなコウノトリのくちばし）：ラテン語名Geranium Indicum odoratum flore maculato」と名づけられた。実際には、この植物の原産地はケープタウンにあるテーブル湾入植地付近の砂質干潟や斜面だ。ロンドンの薬剤師トーマス・ジョンソンは、ジョン・ジェラードの『本草学 *The Herball or General Historie of Plants*』の改訂版を執筆した際に「私の知る限り、まだ誰も書いたことのない」ペラルゴニウムの項目を追加した。『本草学』はイギリスに生育するすべての植物を網羅しているとされ、ジョンソンはGeranium Indicuが「最近になって、ジョン・トレデスカント氏の功績によりこの国の植物界に持ちこまれた」と記し、ランベスにある彼の自宅も訪れ「１６３２年７月末、初めて花を咲かせたこの植物をトレデスカント氏と一緒に」見たという。[18] チャールズ1世の園丁だったジョン・トレデスカントは有名な収集家でもあり、自宅にアークという名の博物館を所有していた。これが後にオックスフォードのアシュモレアン博物館の基礎となる。トレデスカントは「奇妙なものなら何でも」関心を抱き、新奇なものを探し求めた。[19] Geranium Indicuのことを彼に知らせたのはパリの苗木商ルネ・モランで、彼のカタログには１６２１年からこのペラルゴニウムが掲載されていた。[20] もっとも、その後のジョンソンの著作物にこの植物に関する記述はない。おそらく、魅力的というよりもただ「奇妙」だという印象しか残らなかったのだろう。シダ、あるいはニンジンやタンジーに似ていると言われるこの植物の葉には細かい切れこみがあり、花は小さく淡い黄色で、中心は茶色がかった紫色をしている。クローブのような甘い香りがするが、薬剤師のジョン・パーキンソンが指摘したように「香りを放つのは夜だけで、昼はまったくにおいがしない。まるで太陽の光を拒み、月の姿を喜ぶかのように」[21]。１６３５年、モランの顧客だったフランスの医師ジャック＝フィリップ・コルニュはこの植物の絵を描いて「ゼラニウム・トリステ」（悲しきゼラニウム）と名づけた。[22]

ジャック＝フィリップ・コルニュ著『カナダの植物 *Canadensium plantarum*』のプレート版 No.110、「悲しきゼラニウム」。

ペラルゴニウムの最大の特徴は内側が真っ赤な太い塊茎で、当初は長い航海の食料になると考えられていたようだ。[23] 一方パーキンソンとジョンソンは薬草としての可能性を模索したが、これはふたりがペラルゴニウムをヨーロッパで何百年も薬として用いられてきたフウロソウ属の新品種と見なしたためだ。たとえば1653年にイギリスの薬剤師カルペパーが著した『カルペパー ハーブ事典』〔戸坂藤子訳。パンローリング〕では、多くの種が疝痛《せんつう》から腎臓結石、内出血、「脳温度の上昇」などあらゆる症状に有益であると記されている。[24] パーキンソンは、この新しい植物の「根と葉」は「インド人の口には合う」かもしれないが、彼自身は「やや酸っぱい」と感じると述べた。[25]

当時の薬草学者は、アフリカ南部の部族が症状に合わせてペラルゴニウムを広く薬草として利用していることを知らなかった。「悲しきゼラニウム（P. triste）」のほか、P. cucullatum、P. luridum、P. rapaceum、P. reniforme の球根は、一般にあぶったり

ケープタウンを見下ろすシグナル・ヒルで、テーブル・マウンテンを背景にしたP. cucullatum。

煎じたり煮出したりして収れん作用のある下痢止めとして用いられた。P. peltatumの葉液は喉の痛みを和らげる消毒薬であり、P. alchemilloidesの根の煎じ液を入れて入浴すると熱が下がると考えられていた。P. inquinansの茎や葉は叩けば消臭剤になり、頭痛や風邪の治療薬としても用いられた。また、P. betulinumは蒸すとショウノウのような香りが発生し、その蒸気が咳など呼吸器系の治療に用いられた。さらにはP. luridumの根の粉末をカバやニシキヘビの脂肪と混ぜて男性の全身に塗ると性的魅力が増大すると信じられていた。ほかにも、望まぬ妊娠をした場合はP. grossularioidesで流産を誘発するなど、ペラルゴニウムは幅広く利用されていたのだ。[26]

初期の収集家のなかにはペラルゴニウムを植物療法に用いようとした者もいたが（後述のパウル・ヘルマンはP. cucullatumを「胆汁、胆石、尿にまつわる症状に対して」排出を促す成分として用い、成功を収めている）、世間の注目を集めたのはその実用性ではなくもの珍しさだった。[27] 17世紀末には植物調査や貿易が盛んになっており、当時の医学学校の薬草園はどこも「ヨーロッパ植民地から持ちこまれた植物の貯蔵庫」だった。[28]

1652年にオランダ東インド会社がケープ植民地を設立し、テーブル湾にカンパニー・ガーデンを建設してからはケープの調査はゆっくりと、だが着実に進んでいった。1672年にスリランカへ向かう途中ケープに立ち寄ったオランダ東インド会社の船医パウル・ヘルマンは、テーブルマウンテンの砂岩の露頭を調査した際にピンク色の花と大きな上向きの葉がついた2メートルの低木を発見する。これは後に **P. cucullatum**（フーディドリーフ・ペラルゴニウム）と名づけられた。ヘルマンは、この丈夫だが見た目はぱっとしない低木がやがて「リーガル」や「マーサ・ワシントン」と呼ばれる華やかな品種の祖先になるとは思いもしなかっただろう。彼は熱心に植物収集を行い、ライデンに戻って植物学の教授になる頃にはこの新しく魅力的な属のうち、さらに8種を発見していた。[29] それから数十年、特に温室の開発によって植物が長持ちするようになってからは、オランダ東インド会社はますます多くの植物を、オランダのみならずイギリスに持ちこむことになる。[30]

当時のアムステルダム市長ヨアン・ハイデコペルと植物学者ヤン・コメリンが1682年に設立したアムステルダム植物園の最初の仕事のひとつが温室の建設で、この温室の最初の住人となった植物のなかには南ケープの丘に生い茂る低木から採取した重要なペラルゴニウム2種も含まれていた。[31] そのうちの1種はゾーナル種（P. zonale）で、植物画家ヤン・モニンクスは『アムステルダム植物園 *Hortus Botanicus Amsterdans*』（1690年）の図版で小木のように「硬い」ゾーナル種のペラルゴ

『アムステルダム植物園 *Hortus Botanicus Amsterdans*』（アムステルダム、1690年）の挿絵としてヤン・モニンクスが描いたP. zonale。水彩。

南アフリカ、スワートバーグ・パスのP. zonale。

カリッツドープ近郊リトル・カルーのP. peltatum。

ニウムを描いている。[32] もう1種は1700年にコメリンに送られたアイビーゼラニウム（P. peltatum）だ。[33] つまり、18世紀初頭には現代の園芸種ゼラニウムの主要なグループであるゾーナル種、アイビー種、リーガル種の祖先がオランダに到着していたことになる。[34]

オランダは1630年代のチューリップブーム以来植物ビジネスをリードし、ライデンやアムステルダムは北ヨーロッパの植物、種子、知識の流通に関する情報交換の場として機能していた。それに比べると外来植物への関心が低かったイギリスでも、1689年にオランダ出身のオレンジ公ウィリアムとメアリー2世の即位によって熱が高まり、オランダのファッションやオランダの園芸家が影響を及ぼすようになる。最も注目すべき人物は後に初代ポートランド伯となるウィリアム・ベンティンクで、彼は王立庭園の最高責任者としてハンプトン・コート宮殿に3つの巨大な「ガラス張りの温室」を設置し、寒さに弱い外来植物の王室コレクションを充実させた。[35] もっと一般的な例でいえば、北ヨーロッパで17世紀から18世紀初頭にかけてガラス温室と暖房設備のついた温室が広まり、外来植物がうまく育つようになった。温室の普及と効率の良さは「当然ながら非耐寒性植物の生育に大きな影響を及ぼした」。[36]

1684年にチェルシー薬草園に温室が建設され、1690年にベンティンクがP. cucullatumとP. capitatumの標本を薬種商協会に紹介したことからペラルゴニウムが栽培されるようになった。暖房設備のある乾燥した温室で繁茂したことが報告されている。1706年には、節が膨らんでいることから「ガウティ（痛風持ち）」と呼ばれたP. gibbosumも増えていった。ハンス・スローン卿は薬種商協会に土地を貸与し、条件のひとつに薬草園が毎年50点の乾燥保存された植物を王立協会に提供することを挙げている。1724年には、6種のペラルゴニウムを含むフウロソウ科の植物がすべてチェルシー薬草園に揃うことになった。[37]

この時代の「ケープ原産ゼラニウム」の最大の収集家となったのは個人の富裕層で、この宝物を記念として残すためにカタログ製作を発注することが流行っていた。そのひとり、薬剤師のジェームス・シェラードはケント州エルサムの屋敷に希少植物を集めた大きな庭園を所有し、ドイツ生まれの植物学者ヨハン・ヤーコプ・ディレン（後のオックスフォード大学の初代植物学教授）を雇い入れて『エルサムの庭園 *Hortus Elthamensis*』（1732年）というカタログを作らせている。序章で述べたように、ディレンは収録されている7種類の「アフリカのゼラニウム」を「ペラルゴニウム」と呼ぶべきではないかと提案した。また、ディレンに比べると命名法への関心は薄いが、ペラルゴニウム自体への思い入れは強かった人物もいる。ロンドン主教で、オレンジ公ウィリアムとメアリーの強力な支持者だったヘンリー・コンプトンだ。彼はフラム宮殿に36エーカーの庭園を持ち、イギリスで初めて多くの輸入種を栽培した。特にアメリカ植民地の植物に興味を持ち、宣教師たちに種子を送るよう指示をしたが、同時に「大型で珍しいペラルゴニウム」も多く収集していた。なかでも重要なのは**P. inquinans**で、これもゾーナル種の祖先となった種だ。[38]

ペラルゴニウムは限られた範囲ではあるが、絶えることなく流通し続けた。コンプトンは種々のペラルゴニウムを義理の妹メアリー・コンプトン（後のドーセット伯爵夫人）に送り、彼女はそれを18世紀の自然史研究を多岐にわたって支援したビューフォート公爵夫人ことメアリー・ケープル・サマセットに渡している。[39] ビューフォート公爵夫人は１６９０年代から徐々に外来植物のコレクションを増やし、イギリスでも有数の収集家となった（１６９９年のカタログには７５０種が掲載されている）。彼女はヨーロッパ中の植物園や薬草園の園長から送られた種子を収集し、ハンプトン・コートでベンティンクの副官を務めてブロンプトン・パーク・ナーセリーを創設したジョージ・ロンドンを雇い入れて植物や種子、乾燥標本などを充実させた。[40] 公爵夫人が所有する庭園の責任者ウィリアム・オラム（チェルシーのビューフォート・ハウス）とジョン・アダムス（グロスタシャーのバドミントン村）も、希少な標本を入手するよう指示を受けている。オラムはアダムスに手紙を送り、「ロンドンから10マイル（約16キロ）以内で、私が目にしたことのないコレクションを持つ庭園はない」と豪語した。[41] 公爵夫人はこうした植物の出自を詳細に記録して12巻の乾燥植物標本集を完成させ（現在はロンドンの自然史博物館が所蔵）、チェルシーでの隣人だったハンス・スローン卿と植物について書簡で語り合った。「植物の話になると尽きることがありません」[42]

バドミントン村が多くの種を収集できた最大の要因は、公爵夫人が「女王に匹敵する」大規模な温室と100フィート（約30メートル）のストーブを建設したことだ。[43]ジョン・シェラードの弟でヘルマンの元教え子のウィリアム・シェラードは短期間ながら温室責任者を務め、こう自慢している。「やがて、バドミントンの温室は想像し得るすべての便利な設備と質のよい植物を備えた、ヨーロッパ一素晴らしい場所になるだろう。私はさらに1500種以上を加えるつもりだし、外国に駐在している面々からも毎日送られてくるはずだ」。[44]『キューガーデン目録』によれば、イギリスの庭園にペラルゴニウムのゾーナル種とアイビー種を持ちこんだのはビューフォート公爵夫人だ。公爵夫人のコレクションの一部は友人のスローン卿から譲り受けたもので、彼女はその恩に報いた形となった。1724年にチェルシー薬草園から王立協会に贈られたペラルゴニウムの多くは、彼女のコレクションに由来するものだと思われる。[45]公爵夫人は「あらゆる植物（最も遠い土地の気候で育ったものも含め）がいくら枯れようとしても難しいほど献身的に世話」をしたことで賞賛を浴びた。[46]実際に公爵夫人のコレクションを世話したのはオラムとアダムスだと思われるが、ふたりについてはあまり言及されていない。

新たな種を導入するための情熱はとどまるところを知らないようだった。イギリスの作家ジョン・オーブリーは、「控えめに言っても」と前置きして、こう述べている。

1691年現在、ロンドンには1660年の10倍以上の庭園があり、外来種の植物も大幅に改良された。特に１６８３年頃からイングランドに持ちこまれた外来種は７０００を下らない。[47]

もっとも、これは始まりに過ぎない。植物学者ジェイムズ・ペティヴァーは毎年王立協会に「ロンドン近郊にある複数の興味深い植物園で最近観察された、さまざまな希少植物の記録」を提出し、年を追うごとにその記録は厚みを増していった。１７１１年、彼は次のように述べている。

このような美しいペラルゴニウムの数々を発見した、好奇心旺盛な植物学者ヘルマンに感謝したい。彼の功績によりこの植物はハンプトン・コート、ケンジントン、フラム、オックスフォード、チェルシー、ホクストン、エンフィールド、ミッチャムなど、イギリスの最も素晴らしい庭園を飾ることになった。[48]

やがて遠く離れた小規模な庭園にもヘルマンの恩恵が行き渡ることになるのだが、その前に、このペラルゴニウムは誰も予想しなかったほどの広がりを見せた。

「悲しきゼラニウム」が世間の注目を集めて以来１５０年間、新種の導入はあまり進んでいなかった。だが、18世紀末になるとそのペースは一気に加速する。キャプテン・クックとともにオーストラリアに向かったジョセフ・バンクス卿は途中立ち寄ったケープを「未開発の資源」と表現したが、そこにプラントハンター（植物収集の専門家）が次々に足を踏み入れるようになったのだ。[49] バンクスはキュー王立植物園の名声をパリやウィーンの植物園に匹敵するまでに高めたいと強く願い、新奇な植物標本を見つけ出す公式のプラントハンターを任命するようジョージ3世を説得した。1772年、クックの第2次探検隊に同行したフランシス・マッソンがその任に就き、その後3年間をケープタウンで過ごしている。マッソンは、リンネの弟子カール・ツンベルクとともに3度にわたって「国じゅうを」しらみつぶしに見て回り、[50] ある光景について、これまで見たこともないほど「多くの花々に彩られ、得も言われぬ美しさと芳香に満ちている」と描写した。[51] マッソンは種子と「大量の植物」をイギリスに送り、バンクスは「これらの植物により、キューガーデンはヨーロッパのあらゆる類似の施設より優れていることが確定した」と大喜びで記している。[52] ツンベルクは発見した属のひとつをマッソニアと名づけたが、当のマッソンはリンネにマッソニアを送って「この名称で差し支えないだろうか」と控えめに尋ねたという。

マッソンの旅は成功を収めたといえるが、彼は「多くの希少植物」がいまだに「世間にまったく知られていない」ことを認識していた。[53] 1776年、彼はケープタウンに戻り9年間留まったが、イギリスとオランダの関係が悪化しつつあったため状況は以前よりも複雑だった。ストラスモア伯爵夫人の支援を受けた別のプラントハンター、ウィリアム・パターソンはスパイ行為でオランダ政府に告発され、マッソンも植民地知事から「3時間以内で海岸に着く場所には行かないように」と言われていた[54]（バンクスは、植物学的に注目されていないフォルス湾でのみ調査を行うようマッソンに助言する手紙を残している。この手紙は結局マッソンに届くことはなかったが、マッソンも何かしらのスパイ活動を行っていた可能性を示唆するものだ）。[55] 1780年から1784年にかけて英蘭戦争が続き、気がつくとマッソンは外部と遮断された状態に陥っていた。多くの制限のなかで

ニュージーランドのP. inodorum。フレデリック・ポリドール・ノダー画、水彩、紙。シドニー・パーキンソンがエンデバー号の航海中に描いたスケッチがもとになっている。

「好奇心をそそるかなりの数の」植物コレクションを入手したにもかかわらず、故国に持ち帰るための船を調達できなかったのだ。[56] だが、最終的にはマッソンの標本の多くはキューガーデンに運ばれ、その収容のために新しい温室が建設されることになった。[57]『キューガーデン目録』第2版（1810～1813年）には、Erica属（ヒース）183種、Pelargonium属102種などマッソンが持ちこんだ約1000種が掲載されている。[58] この両種は後にヴィクトリア朝の庭園に欠かせない植物になった。

19世紀初頭にイギリスがケープを支配するようになると、ペラルゴニウム収集業界の勢力図は変化した。そして、18世紀にはこの地域（1910年までケープ植民地と呼ばれた）の探査は継続されたものの、バンクスらの関心は徐々に北アメリカやオーストラリアの植物に移っていった。1768年から1771年にかけてのエンデバー号の航海で採集、図版化された植物のなかにはニュージーランド北島のトラガ湾で見つかったP. australeとP. inodorumが含まれている。イギリスはただ植物を植民地からロンドンに運び入れていただけではない。ロンドンは世界各地で拡大しつつあった種子市場と知識の拠点だった。植民地の輸出業者は輸入の仕事にも携わっており、独立戦争前の北アメリカ原産植物のおもな供給源は「王の植物学者」ことジョン・バートラムが所有するフィラデルフィアの庭園だった。この庭園で最終的に生育していた在来種は200種以上にのぼる。1760年にバートラムは「冬の間に楽しむ植物」を収容する温室の建造を計画するが、その温室の「装飾」として必要な植物は何かを正確に把握していたのはロンドン在住で彼の取引相手だったピーター・コリンソンだ。コリンソンとバートラムは質素を信条とするクエーカー教徒であ

カリフォルニア州オレンジカウンティの海岸を彩るゼラニウム。

るにもかかわらず、「美しく派手な植物」を好むという共通点があった。[59]「貴殿にゼラニウムの種を送ります」とコリンソンはバートラムに手紙を書いている。「ゼラニウムは魅力的な品種で、温室を美しく飾ってくれるでしょう。ただ、寒さが厳しいときにはストーブを入れ、温度を上げる工夫が必要です[60]」

イギリスからの独立前後のアメリカ人はヨーロッパの流行に乗り遅れまいとやっきになっており、18世紀末には可憐なゼラニウムが広く流通するようになっていた。特に人気を集めた種がふたつあり、そのうちのひとつ「スカーレットゼラニウム」(P. inquinans)は大統領トーマス・ジェファーソンが自邸モンティチェロとホワイトハウスを飾った植物として、またメリーランド州アナポリスの中流時計職人ウィリアム・ファリスが地下室で冬越しさせたことで知られている。[61]もうひとつの「ローズゼラニウム」(P. capitatum)は1780年代バージニア州に広大なプランテーションを所有していたジーン・スキップウィズ夫人の屋敷の室内に飾られ、1803年にはグラント・ソーバーンがこの植物の取引で園芸企業家としてのキャリアをスタートさせた。[62] ニューヨークの通りで彩色したテラコッタ鉢を売っていたソーバーンは、ある日「ローズゼラニウム」を売る男に出くわす。彼は「このとき、ゼラニウムという存在を初めて知った」と後に回想しているが、この植物をテラコッタ鉢に植えて売ることを思いついたことが、「咲き誇る富」への道を順調に歩むきっかけとなった。[63] 1821年にはイギリスのジャーナリスト、ウィリアム・コベットが「アメリカの園芸家」に向けてゼラニウムを種や挿し木から育てる方法を記事に書き、「私が知る限り、ゼラニウムの花を美しく咲かせるコツは『寒さから守る』、ただそれだけだ」と断言している。[64] コベットは霜の多いニューヨーク州ロングアイランドに住んでいた頃に園芸を楽しんだ経験があり、アフリカの外来種にはカリフォルニアの地中海性気候のほうがずっと適していることを知ったのだ。今日、10種のペラルゴニウムと2種の交配種がカリフォルニア州南部の海岸に帰化しており、2003年冬には自然保護団体がサンタクルス島から765種の「野生化した」ゾーナル種を除去した。[65] ゼラニウムは、まさにアフリカから世界に広がったのだ。

第2章　新たな友

ペラルゴニウムの発見は、ヨーロッパの植物界に巻き起こった本格的な革命の一部と言える。18世紀末には、植民地の植物収集によって既知の植物の数は3倍に増えていた。新種を整理するために単一の便利な方法が採用されなかったとしたら、植物学者がすべての新種を追跡調査し、把握することは不可能だっただろう。[1] リンネの『植物誌』（1753年）は、まさに適切な時期に用いられた適切な書物だった。彼は『植物誌』でふたつのことを提唱している。ひとつは、これまで説明的で冗長だった学名をラテン語の二命名法（属名の後に種名が続く）に置き換えること、もうひとつは——この提案はたちまち多くの批判を受けたが——植物を雄しべと雌しべの数によって分類する性体系という考え方だ。ハーバード大学科学史学部の準学士であるリスベット・ケルナーは、性体系の長所は「自然の摂理に忠実ということでもなく（明らかに人工的だ）、その論理の固有性でもない」と主張する。「ただ、リンネの論理は実用的であり、専門家にも初心者にも魅力的に映ったのだ」。[2] また、女性もこの論理に魅力を感じ、やがて植物にまつわる活動は特に女性に適していると見なされるようになる。18世紀の女性は「植物を収集し、絵を描き、研究し、名前をつけ、子

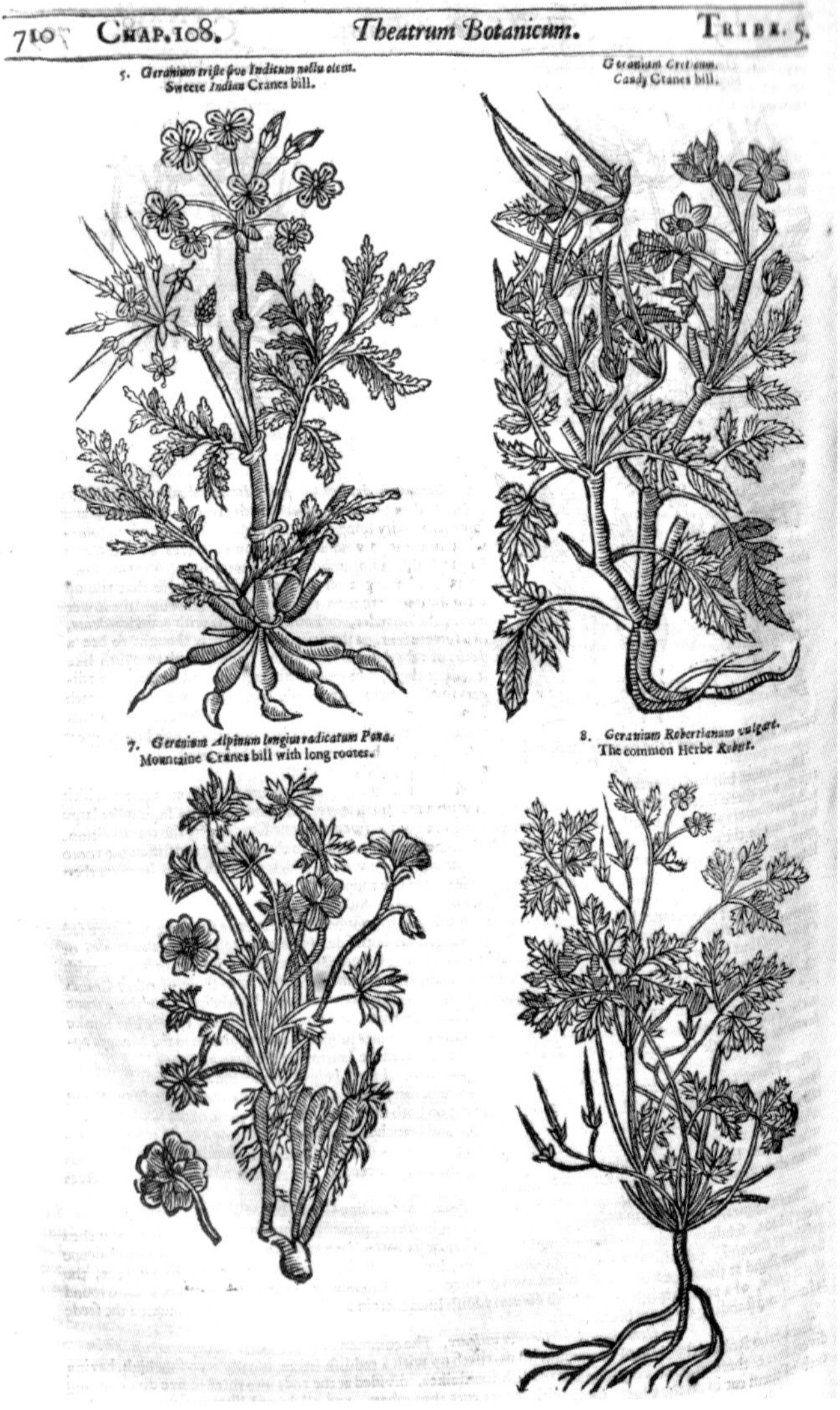

ジョン・パーキンソン著『植物学の世界 *Theatrum Botanicum*』（ロンドン、1640年）より。左上がペラルゴニウム。

供たちに教え、その生態を広める本を書いた」[3]。

この章では、絵画や版画、貼り絵における表現、メタファーとして用いた初期の試み、そしてこの園芸界の新顔を身近に、ときには親友や家族のように感じるようになった所有者の姿を通して、ゼラニウムの位置づけを考察したい。

●ペラルゴニウムを描く

人がペラルゴニウムを描きたいと思う理由はさまざまだ。同じ植物でも捉え方は異なり、貴重だと思う者もいればまったく興味をそそられない者もいる。ヨーロッパで最初に描かれたペラルゴニウムの絵は植物の薬効に関心のあった薬剤師が同業者に向けて描いたもので、花よりも根や茎の有用性が強調されていた。その典型的な品種がジョン・パーキンソンの『植物学の世界 *Theatrum Botanicum*』(1640年)に収められた最後の伝統的な薬草のひとつ、「インドのペラルゴニウム」ことP. tristeだ。この植物は「希少で新奇な」植物と見なされていたにもかかわらず、類似の「質と用途」を持つとされるヨーロッパの植物が並ぶページの隅に申し訳程度に記載されている。『植物誌』の木版画は簡略化されており、その植物ならではの特徴が辛うじてわかる程度だ。一方、鮮明な版画が並ぶヤコブ・ブラインの『外来植物の最初の世紀 *Exoticarum Plantarum Centuria Prima*』(1678年)ではP. tristeは扱いがまったく異なる。どの植物にも1ページ丸ごとを割いてその素晴らしさを強調しているなか、P. tristeが「外来植物の最初の世紀」を代表する植物として取り

「ゼラニウム・ノクチュオレンズ・エチオピクム」、ヤコブ・ブライン著『外来植物の最初の世紀 *Exoticarum Plantarum Centuria Prima*』（1678年）より。

上げられている。特に目を引くのは巨大で黒っぽい塊茎だ。

　銅版画の登場によって植物画家は種ごとの微細な違いを記録することが可能になり、植物学者による種の正確な識別、分類につながった。[4] やがてリンネの性体系が採用されると、文献や書物では花の構造を示す図版が中心を占めるようになる（それまでは文章による長い説明に紙面の多くが割かれていた）。そのいい例が、ナポレオン1世の皇后ジョゼフィーヌ所有のバラ園の絵を描いたことで知られるピエール＝ジョゼフ・ルドゥーテだ。ルドゥーテは植物学者レリティエから「植物解剖の技術と解剖学の詳細」を学び、『ゼラニウム図鑑 *Geraniologia*』の大半の挿絵を担当した。[5] 彼は茎と花の優雅で理想的な姿を描き、その下部に開花から種子散布までの生殖サイクルの短い物語を組み合わせている。また、彼のペラルゴニウムの絵には特徴

P. tetragonum、ピエール＝ジョゼフ・ルドゥーテ画。シャルル＝ルイ・レリティエ著『ゼラニウム図鑑 *Geraniologia*』（1787 ～ 1788年）の挿絵プレート版 No.23。

P. tetragonum。ベルリン植物標本館のデジタル標本画像。

的な7本の雄しべがはっきり認識できるが、これは平板な押し葉標本では困難だった技法だ。

そのほか、図版には縮尺の記載や彩色などの加工も施された。植物が大きすぎて銅板に収まらない場合は実物大の部位をひとつだけ描き入れたり、茎の下部と根、茎の上部と花というふうにふたつに分けて描いたりすることで実際の大きさを示すこともあった。また、彩色はもともと手作業で行われていた。彩色された最初の植物図譜は、ジョン・マーティンの『稀少植物誌 *Historia Plantarum Rariorum*』（1728～1737年）だ。ヤコブ・ファン・ハイスムのデッサンをもとに彫版師エリシャ・カーカルが製作、彩色したこの図譜にはピンクがかった鮮やかな赤が印象的な P. papilionaceum（バタフライゼラニウム）も掲載されているが、この絵が特徴的なのはその色だけではない。当時の図譜としては珍しく、ファン・ハイスムはこの植物の生育特性に重きを置いて描いたのだ。ディレンの『エルサムの庭園』に掲載された同じ植物と比較すればその違いは明らかだろう。[6]『稀少植物誌』は植物学会の会員向けであったが（学会の印が図版に大きく表示されている）、この単純化、様式化された図版は「科学を重視したヨーロッパの植物図譜の手法よりも、東洋の美しい絵画に共通するものがある」[7]。

情報発信を目的とする植物学の論文と美しさを追求した花譜［さまざまな花を四季の順や分類などによって記録した書物］は、しばしばその意図が重なることもあった。植物学者アブラハム・ムンティングは出版社の要請により、自著の草花の挿絵を古典的な風景になじませたり、空中に浮かばせたりしている。夜に香りを放つ「インドのペラルゴニウム（P. triste）」は寺院を背景に草茂る小丘の先端に描かれているが、この植物は非常に大きく堂々としていて（巨木のように見える）、塊茎

「樹枝状のゼラニウム・アフリカヌムの葉」、ディレン著『エルサムの庭園 *Hortus Elthamensis* 』（ロンドン、1732年）の挿絵。

「樹枝状のゼラニウム・アフリカヌムの葉」、ジョン・マーティン著『稀少植物誌 *Historia Plantarum Rariorum*』の挿絵としてヤコブ・ファン・ハイスムが描いたスケッチをもとに、エリシャ・カーカルが製作したおう版彫刻。

根が丘から垂れ下がっている（私が所有する１７０２年の銅版画の複製では花が間違って赤く着色されているが、実のところそれはこの絵の問題点のごく一部でしかない）。植物学的にも芸術的にもより釣り合いがとれているのは、ビューフォート公爵夫人のコレクションを描いたエヴェラード・キキウスの水彩画だろう（彼の絵は夫人の12巻におよぶ標本集を補完する目的で描かれた）[8]。キキウスはアイビーゼラニウム（P. peltatum）を植物学的な観点から実物大で、根までしっかり描きこみながらも、花譜の伝統に従って美しい背景を添えている。

ビューフォート公爵夫人のカタログのような書物は、「時とともに形を変え、持ち歩くことのできない庭園とその植物を永遠の姿で手元に残すこと」[9]を目的としたごく個人的なものだったが、やがて花にまつわる高価な書籍の商業市場が出現するようになる[10]。１７３０年、初の図版入り苗木カタログとされるものが発売され、ビューフォート公爵夫人は購買者として厳選された貴族のひとりとなった。このカタログとはケンジントン生まれの「園丁」ことロバート・ファーバーによる『12か月の花 *The Twelve Months of Flowers*』で、４００もの品種や変種が紹介されている。収録された手彩色の版画はどれもフランドルの画家ピーテル・カステルスの絵をもとにした豪華な花束で、その月に開花する植物のリストと対応していた[11]。花を明確に識別するため、またフランドル地方の伝統に従い、どの絵も「すべての花が正面を向き、ほかの花とは区別して単独で配置されて」おり、「植物学に不可欠な詳細や解剖図は必要とされなかった」[12]。12月の植物では21番に「斑《ふ》入りゼラニウム」、17番にはページの中央に「スカーレットゼラニウム」が早くも登場している[13]。

この時代のパトロンのなかでも、裕福さにかけては第2代ポートランド公爵の妻マーガレット・

「ゼラニウム・インディクム・ノクテ・オドラトゥム」、アブラハム・ムンティング著『珍奇薬草誌 *Phytographia Curiosa* 』(ユトレヒト、1702年) より。

キャヴェンディッシュ・ベンティンク夫人の右に出るものはいないだろう。自然史、装飾品、美術品の膨大なコレクションが収められたバッキンガムシャーの邸宅バルストロードは「ハイヴ（ミツバチの巣箱）」と呼ばれ、夫人の死後は38日間にわたってコレクションが競売にかけられた。バルストロードはまた「リンネ式植物学の知識の培養器」としての役割も果たしていた。[14] 公爵夫人は「植物学の師」であり学芸員でもあった神学者ジョン・ライトフットのつてで、オーストラリアから帰国したばかりのジョセフ・バンクス卿とダニエル・ソランダー、リンネの書物の図版を手がけたドイツのG・D・エーレットなど当時の有力者を招き、庭園の花を描いたり娘たちに植物学の手ほどきをしたりしてほしいと依頼したのだ。公爵夫人の親友メアリー・ディレイニーもひんぱんにバルストロードを訪れていた。70代で二度目の未亡人となってから夏をこの屋敷で過ごすようになったディレイニーは、この場所を「思索のための『高貴な学校』」だと感じたと述べている。彼女が1772年に花を表現する新しい技法、すなわち絵画と押し葉《hortus siccus》の特徴を組み合わせたスタイルを考案したのもこの「学校」でのことだ。[15] ディレイニーは、テーブルの上にあった赤い唐紙とゼラニウムの花の色調が似ていることに着目した。そして唐紙で花びらの形を、また別の紙で葉と茎の形を切り抜いてゼラニウムを作ったのだ。おそらくこれはP. fulgidum の栽培品種（fulgidum はラテン語で「輝く」の意味）だと思われる。部屋に入ってこの紙細工を見た公爵夫人は本物の花と勘違いしたほどで、「その瞬間からディレイニーの新たな作品作りが始まった」と言われている。[16] 10年後に視力を失うまで、独特の黒い背景に「紙のモザイク」で彼女が表現した実物大の美しい「ディレイニー植物画コレクション」は1000近くにものぼる。

エヴェラード・キキウスによる P. peltatum の水彩画。ビューフォート公爵夫人の写本より。

公爵夫人の別の友人エラズマス・ダーウィンが「植物の模型」と評したように、ディレイニーの作品は芸術的な技法に加えてかなり正確な植物学的知識にも裏打ちされていた。彼女はリンネの性体系に従って雄しべと雌しべの数を正確につくり、それぞれの絵にラテン語の二命名法を描き入れている。[17] 作品のなかで最も多いのはディレイニーが「ゼラニウム」と呼んだ植物のグループで、その大半は実際にはペラルゴニウムだった。最初の数年間の作品は、公爵夫人のガラス温室や庭園に植えられていた植物だ。1775年5月には家庭菜園の温室を訪れ、彼女自身が父親のコレクションから持ちこんだ P. fulgidum（スカーレットゼラニウム）が「非常に美しい」花を満開に咲かせた様子を作品にしている。[18] だが、そのうちディレイニーはほかの友人知人のガラス温室に目を向けるようになった。彼女が制作したペラルゴニウムの出所をざっと調べると（作品の裏面にその出所が丁寧に記されている）、この時代の植物愛好家の貴族の交友関係を知ることができる。P. peltatum、P. inquinans、P.

「12月」、ロバート・ファーバー著『12か月の花 *The Twelve Months of Flowers*』（1730年）より。ピーテル・カステルスの絵をもとにヘンリー・フレッチャーが製作した彫板。

P. fulgidum、メアリー・ディレイニー作、1755年。色紙と、グワッシュ（不透明）絵具および水彩のコラージュ。

alchemelloides の3種は近隣のジョージ・ハワード卿の所有地、P. gibbosum は彼女のロンドンの「紙モザイクの生徒」であるミス・ジェニングス、P. triste はチェルシー薬草園から提供されたものだ。これらの種はどれもすでに希少種ではなかったが、ディレイニーのメモには「新しい外来種を、イギリスに持ちこまれて3、4年以内には」知っていたことが記されている。[19] 1776年、彼女はジョージ3世、シャーロット王妃、ビュート伯爵という「草花を熱烈に愛する」権力者に作品を見せるよう求められた。[20] シャーロット王妃（キューガーデン専属画家フランシス・バウアーのもとで絵画を学んでいた）はディレイニーに豪華な道具一式を贈り、ジョージ3世はマッソンが新しく持ちこんだ5品種を含むペラルゴニウムをキューからディレイニーに送るようにジョセフ・バンクスに指示している。[21] また、ロンドン西部のハマースミスにあるリー＆ケネディ園芸店からも2鉢が提供された。ディレイニーがどれ

ヘンリエッタ・クニップ、『ラナンキュラス、ペラルゴニウム、ワイルドゼラニウム』。

『カーティス・ボタニカル・マガジン *Curtis's Botanical Magazine*』1718号（1815年4月1日）より、Pelargonium radicatum。シドナム・エドワーズのスケッチをもとにフランシス・サンソムが製作した彫板。

ジョン・エドワーズ著『花図譜 *A Collection of Flowers*』（1790年）、19ページ。

くらいの金額を請求されたかは不明だが、この頃ヨークの苗木商テルフォードやポンテフラクトの苗木商パーフェクトは、「それなりの」ゼラニウムを1株あたり1シリングから2シリング半で売っていた。これは建築業者の日当よりわずか6ペンス安い金額だ。[22]

ポートランド公爵夫人は相当数のイギリス原産種、特に野生種の花も収集しており、ディレイニーの作品の格好の題材になった。コレクションの幅が広がるにつれ、彼女の作品は「イギリス原産種と外来種の対話」を創出することになったようにも思える。[23] ほかの植物画家は外来の珍しい植物とその「地味な同類」を同じ1枚の絵に描くことを好み、南アフリカ原産のペラルゴニウムとヨーロッパ原産の「ワイルドゼラニウム」の組み合わせは特に人気が高かった。[24] オランダ人画家ヘンリエッタ・クニップはこの2種にラナンキュラスを加え、緩く束ねた花束として描いている。

植物の装飾的価値はカンバス上や書物の挿絵に留まらない。この時期、植物の記録と図案集の特徴を併せ持つ書物も数多く出版された。ファーバーの『庭園の花々 *The Flower Garden Displayed*』（1732年）は、「作品の図版、水彩画、あるいは部屋の装飾品」の参考として「画家、彫刻家、漆職人、また女性に有益な」花のモチーフの資料集だ。[25] また、多くの椅子張りや暖炉の前に置くつい立てにも花模様がちりばめられていたし、メアリー・ディレイニーは紙で花を作り始める数年前に、黒い絹の宮中服に緋色の P. inquinans など200以上の花でロココ調の縁取りを刺繍している。[26]

18世紀末になると、外来植物の人気はますます広がっていった。1787年、イギリスの植物学者ウィリアム・カーティスが園芸を科学的側面から捉えた初の定期刊行物『ボタニカル・マガジン *The Botanical Magazine; or, Flower Garden Displayed*』を創刊し、その後『カーティス・ボタニカル・マ

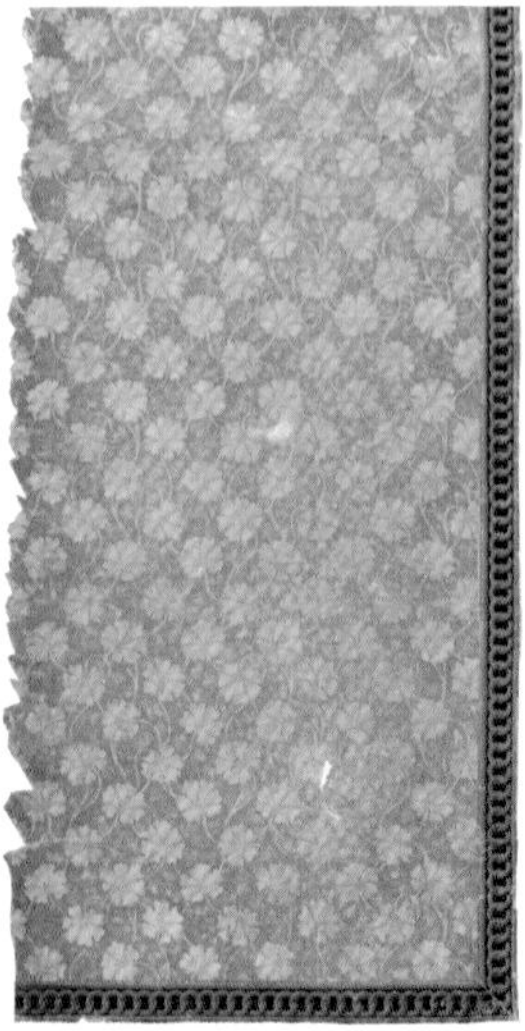

ゼラニウムの葉をデザインした木版印刷の壁紙、ロンドンのメリルボーン、マンチェスター・ストリート48番地の家の玄関の間、1790年頃。

ダービー社のスープチュリーン、蓋、皿。磁器、植物の絵柄のエナメル彩色。ジョン・エドワーズのスケッチをもとにウィリアム・ペッグが金彩を施した。1796年頃。

ガジン *Curtis's Botanical Magazine*』と名前を変えて現在も刊行されている。毎号3種類の植物の解説が掲載され、「必ず生きた植物をもとに」手彩色された銅版画が添えられていた。この雑誌に掲載された図版は市販の織物や磁器など家庭用品の装飾図案として人気を博したが、それは植物画家ジョン・エドワーズの『花図譜 *A Collection of Flowers*』(1790年)の図版にも当てはまる。エドワーズの作品は流れるような構図を特徴とし、そのひとつにバラに似た香りを持つひと枝の P. graveolens に P. cordifolium のハート型の葉を合わせたと思われる図版がある。陶器の絵付け師だったウィリアム・ペッグはこの絵に触発され、1796年にダービー磁器会社が製造したスープチューリーン［数人分のスープを入れ、食卓で取り分けるための容器］の蓋の絵を描いた。[27] また、ロンドンで流行の先端を行く室内装飾家ジョセフ・トロループが販売していた多くの花柄の壁紙のうち、ペラルゴニウムの馬蹄型の葉をあしらったものは「ほかの絵柄に比べて人気があった[28]」。

◉ゼラニウムを教材に

18世紀後半の女性にとって、花は単なる飾りではなかった。実のところ、植物を学ぶことはしばしば女性教育の価値(ある意味では危険性)をめぐる議論の中心的な役割を果たしたと言える。一方では、植物の知識は母親が子供に教えるのに最適な科目という意見があった。[29] 動物学よりも簡単だし、動物と違って「植物は血を流さない」という利点があると見なされていたからだ。[30] だが、それとは逆の見方もあった。植物を雄しべと雌しべの数によって分類することを提唱したリンネは、「博物学者として初めて植物の性を最重要視した」ことになる。[31] そのため「植物を学ぶ少女」たちは、「無垢な羞恥心」を「不純な大胆さ」に明け渡したと非難されることもあったのだ。[32]

植物の学習は女性同士での手紙の交換や、母親と好奇心旺盛な子供が交わす会話という形をとって行われた。[33] こうしたやり取りをまとめた初期の書物で最もよく知られるのは、プリシラ・ウェイクフィールドの『書簡による植物への誘い *An Introduction to Botany, in a Series of Familiar Letters*』だ。2人の姉妹の手紙を通してリンネ式植物学を紹介したもので、1796年から1811年の間に11の版が出版されている。ウェイクフィールドは「自宅の温室にある驚くほど多くの種類の」ペラルゴニウムについては脚注で触れただけで、あとは読者の「調査」に委ねるとしているが、1797年にマリア・エリザベス・ジャクソンが匿名で出版した『母と子の植物のお話 *Botanical dialogues, between Hortensia and her four children, Charles, Harriet, Juliette and Henry*』では、レリティエが提唱した「フウロソウ科の新しい3つの分類」について本文中で言及している。[34] 母ホーテンシアは娘のジュリエットに、手に持っている花をよく見てごらんなさいと言う。「属の下位区分は、葯《やく》を持つ雄しべの数によって決まるのよ」。ジュリエットは雄しべを7本数え、この花がペラルゴニウムだという母親の意見に同意しつつも「もうこの花をホースシューゼラニウムと呼べないのね」と残念がる。だがホーテンシアは「ペラルゴニウムという名前にもすぐに馴染むわ」とあっさり受け流し、すぐに息子チャールズとアーティチョークの話を始めるのだ。[35]

また、エラズマス・ダーウィンの『植物の愛 *The Loves of the Plants*』（1789年）に倣い、植物標本館や植物園の案内役が詩を交えて解説することもあった。『植物の愛』は植物学についての脚注がついた詩で、83の種が「高潔な花嫁と優しい母親、思いやりのある姉妹、ニンフと羊飼いの女」や「笑う美女と狡猾な魔法使い」、「女王とアマゾネス」などにたとえられている。[36] リンネは植物の生殖を人間の結婚になぞらえて表現した。つまり「夫」や「妻」という言葉を使い、花弁を「夫婦のベッド」と表現するなどの比喩を定着させ、これをダーウィンやその取り巻きは嬉々として取り入れたのだ。いつの間にか植物の一生は「伴侶を見つけ、繁殖しようとする衝動がすべて」となり、詩人の想像力は雄しべと雌しべを遥かに超えて広がっていった。[37]

牧歌的なロマンスと科学的な脚注を組み合わせたダーウィンの手法もまた、広く模倣された。フランシス・アラベラ・ローデンの『詩で学ぶ植物学 *A Poetical Introduction to the Study of Botany*』（1800年）には、夜の香りを持つ「悲しきゼラニウム《Geranium triste》」の項目がある。

もの静かな月の女神キュンティアーが銀色の馬車で
ゆっくりと昇りながら光り輝く
さえずる鳥たちは眠りにつき
陽気な花々もその花びらを閉じる
今、この静寂の時のつつましい崇拝者が
闇のなかでやわらかな香りを放つ
それが号令であったかのように、7人の陽気な風の精が姿を現し
その香りを空へと漂わせた

広い空を　風の精は手をつないではばたき
強い風が起こるごとに　甘く芳しい香りが広がる
恋に悩む乙女が　あてもなく歩きながら
月の淡い光に悲しみを託す
神に忠実な農夫は　心地よい音色の竪琴を調律し、
そのときどきの喜びや苦しみを奏でる
孤独な部屋の奥では、年老いた賢者がひとり
熱心に書物を読んでいる
農夫に宿る、無限の美に満ちた詩人の魂は
空想と思考の王国を駆け巡る
その思いは天の光に照らされて輝き
夜の闇のなかで詩人の魂が勝利する[38]

ローデンはGeranium tristeの植物学的特性（脚注でさらに詳しく説明されている）に忠実でありながら、おなじみの伝統的な風景のなかで「詩人の魂」を鼓舞するものとしてその香りを表現した。だが、この物語には別の側面もある。ゼラニウムは月の処女神キュンティアーの「つつましい」崇拝者かもしれないが、「7人の陽気な風の精」（ペラルゴニウムの繁殖にかかわる7本の雄しべを連想させる）に香りを運ばせることにより、自分に繁殖力があることを周囲に知らしめている。「詩

人の魂」の「勝利」とは、おそらく年老いた賢者の知恵と対比して「男性の繁殖力」によって生まれる果実、すなわち詩が勝利するという意味だろう。[39]

もっときわどい比喩に用いられたゼラニウムもある。もとをただせば、詩人ウィリアム・カウパーが瞑想録『仕事 *The Task*』（1785年）のなかで、最も人気のある品種を「深紅の純潔」と表現したことや、花びらの重なり方が（一見）性的なものを感じさせることに関係があるのかもしれない。[40] 1814年にロベール・ラブレー（仮名）は、「女性がゼラニウムのような唇をすぼめた様《さま》には色香が漂う」と述べている。[41] このイメージ（や表現）は時代を経ても変わらないようだ。たとえばボブ・ディランの曲「ローランドの悲しい目の乙女」では、「ゼラニウムのキス」を求めてタイラスの王たちが列をなして待っていた。[42] 現代では口紅によってゼラニウム色の唇を手に入れる女性もいる。

トーマス・アースキンの詩「ゼラニウム」（1795年）は花びらだけでなく植物全体の形を描写し、ゼラニウムを男性に見立てて表現した点が特徴的だ。彼はまず、ゼラニウムの「うつむいた青白い顔」と、「人が手を伸ばさずにはいられない」まっすぐな茎を描写する。その言葉通り「スイート・スー」は我慢できず露に濡れた手のひらでゼラニウムを優しく愛撫し、ゼラニウムは「熟して膨らみ／茎は立ち上がり、顔は輝く」。脚注では「この描写は植物学的に正しい」と断言しているが、詩のなかではすぐに科学的な建前を離れてスーの「奇妙な歓喜」に焦点があてられる。

まあ！　とスーザンは声を上げる　いったいどういうことだろう

「リーガル・ゼラニウム・クラスター」

この不思議な至福の鼓動は
今この瞬間まで知らなかった
人間が植物にこんな気持ちを抱くことがあろうとは[43]

もっとも、ゼラニウムの擬人化は「植物を謳う詩」にとどまらなかった。[44] エラズマス・ダーウィンのような科学者はあらゆる動植物、つまり生きとし生けるもののつながりを確立しようと模索し、感覚、動き、さらには警戒心や社会的行動のようなものまで両者に共通すると考えたのだ。フィラデルフィアの植物学者ジョン・バートラムは、植物に対して五感による「絶対的感覚」を求めるのは少し行き過ぎだとしながらも、「植物にはそれに近い構造があるので、適切な呼称や説明が必要だ」と主張した。[45] バートラムの息子でやはり植物学者のウィリアムはつる性植物を「寄りかかり、広がり、人間の手のように最も近いものをつかまえようと伸びる。まるで目が見えているかのように」と表現している。[46] トーマス・ジェファーソンの言葉にあるように「ゼラニウムと人間の組織には類似性がある」と信じる気持ちは、ゼラニウムに親しむ新たな方法を生み出すことになる。[47]

◉不運の中の友

ジェファーソンとゼラニウムはとりわけ親密な関係を築いたと言えるだろう。彼は駐仏大使だった1780年代にゼラニウムと出会い、その後バージニア州の邸宅モンティチェロとホワイトハウスで挿し木によって繁殖させた。[48] 1803年にホワイトハウスを訪れた友人マーガレット・ベイヤード・スミスは、ジェファーソンが自室につくった窓台に「並んだ草花を楽しげに世話し、バラやゼラニウムの間にお気に入りのツグミの鳥かごを吊り下げているのを」微笑ましく眺めたという。

彼は心からこの鳥を愛し、部屋を彩る花を愛していました。きっと、何か愛する対象なしにはいられない性質《たち》なのでしょう。大切なお孫さんたちと離れている間、ずっと鳥や花をかいがいしく世話していました。[49]

ジェファーソンが大統領職を辞したとき、スミスは「あなたの手でお育てになった」質のいい挿し木を分けてほしいと依頼する手紙を出した。

もしご自宅に移さないのでしたら、ぜひとも譲っていただけないでしょうか。私にとってあの植物がどれほど貴重なものか、言葉では語りつくせません。毎日愛情を持って世話をし、あなたへの惜別の涙を流しながら水やりをするでしょう。人類で最も崇拝されるべきあなたに、この上ない神のご加護がありますように。

こんな手紙をもらって断ることができるだろうか？　もちろんジェファーソンはゼラニウムの挿し木をスミス夫人に送り、「最近あまり手入れをしていないため、状態が非常に悪い」ことを詫びるとともに、彼女の「手厚い庇護」のもとですぐに回復すると確信していると伝えた。「植物に感性があるとすれば」とジェファーソンは述べている。「彼女に世話されることを誇らしく思うに違いない[50]」。

アメリカ人画家レンブラント・ピールが描いた絵画『ゼラニウムとルーベンス・ピール』もまた、自分が人間の手で世話されていることを植物が理解し、感謝しているように見える。画家で博物学者のチャールズ・ウィルソン・ピールの息子ルーベンスは、幼い頃から植物に夢中だった。病弱だった彼は頻繁に診察を受けていたかかりつけの医者を嫌い、その医者が亡くなったと聞いたときには嬉しく思った、と後に語っている。ルーベンス少年は医者から多くの飲み薬や粉薬をもらうと、それを捨ててから「庭園に入ってじょうろを手にし、止められていた水やりをした。そうするうち、次第に体力と健康を取り戻していったのだ[51]」。

1801年、兄のレンブラント（ほかの兄もティティアン［イタリア語読みでティツィアーノ］や

『ゼラニウムとルーベンス・ピール』。レンブラント・ピール、1801年、油彩、カンバス。

ラファエルといった有名画家と同じ名前だ）はお気に入りの植物を手にするルーベンスの絵を描いた。ゼラニウムの葉、茎、花の形はまるで解剖学の図のように明確だが、この絵の面白さは植物学的な詳細さよりも人間と植物がほぼ同じ大きさで描かれていることにある――むしろ、このゼラニウム（ジェファーソンのお気に入りと同じ緋色のP. inquinans）はルーベンスより背が高い。美術史の教授アレクサンダー・ネメロフは、横に並んだルーベンスとゼラニウムの関係をこう解説する。

ルーベンスの顔が膨らんだ白い襟に続くように、ゼラニウムも丸みのある陶器の鉢から突き出ている。伸びた茎はV字を形作り、ルーベンスの襟と白いシャツもまたV字型だ。左端の2本の茎が描く曲線は、ルーベンスの額にかかる髪と呼応している。彼の顎から白い襟、シャツにかけての柔らかな三角形は、彼の頬の近くにある葉の角度、厚さ、形とまったく同じだ。そしてこの葉の片方の縁は彼の黒い襟の線と相似形をとり、中央にひだが入った葉の形はルーベンスの鼻の形を、葉全体は彼の左手の大きさと形、向きを、中央のひだは中指と人差し指の細い隙間をそれぞれ再現している。最後に（中略）一部の指を鉢の中に沈めたルーベンスの右手は、彼の髪に触れそうな位置にある尖った2枚の葉（とくちばしの形に似た2本の鞘）と同じ形だ。[52]

ルーベンスは近視だったのでゼラニウムと対話するには手で触れる必要があったのかもしれない（彼は眼鏡を顔にかけ、さらに別の眼鏡を手に持っている）が、この絵からはたしかに彼が注いだ愛情が報われたことが伝わってくる。ルーベンスが鉢に手を入れているのは土が乾いていないかを確かめるためだと思われ、ネメロフは「その指はまるで根の一部のようだ」と述べている。[53] 彼もゼラニウムも見かけは立派だが（それぞれ美しい衣服と葉をまとっている）、どちらかといえば沈んだ雰囲気であることもまた共通している。この植物の特徴である馬蹄形の一番下の葉は端が茶色く変色し、もう1枚はすでにテーブル上に落ち、手の中の眼鏡が現す脆弱さを強調している。ある意味、この絵は植物を擬人化することよりも、人間がいかに植物的であるかを示すことに焦点があてられているのかもしれない。

ゼラニウムとの触れ合いで「健康が回復する」と信じていたのはルーベンス・ピールだけではない。一般的にも、植物研究は「きれいな空気を吸い、運動をする継続的で魅力的な動機」となり、「すべての好奇心」を刺激するものとして推奨された（植物の持つ性的なイメージを払しょくする目的もあった）。[54] つまり、植物は薬剤師による調合薬や煎じ薬の原料としてではなく、ただそこに生えているだけで新たな治療効果があると見なされるようになったのだ。植物との触れ合いは特に若きルーベンス・ピールのような病人、ディレイニー夫人のような寡婦、ジェファーソンのように孫と離れて寂しい思いをしている権力者の慰めになると考えられていた。しかもわざわざ外に出かけなくても、ジャン・ジャック・ルソーが『孤独な散歩者の夢想』（1782年）のなかで述べたように、植物の観察は「目の保養であり、不幸にあって心を落ち着かせ、楽しませ、気を紛らわせ、苦痛を和らげる。（中略）甘い香り、鮮やかな色、この上なく優美な形の草花は、我々の注意を引くために競い合っているかのようだ[55]」。慢性のリウマチとうつ病に苦しんでいた詩人で作家のシャーロット・スミスはルソーを読み、植物との触れ合いは「傷ついた心を癒す」ことを実感した。[56]そして、植物と触れ合うことで「自分を持て余し、他人にとってどうでもいい存在だと思い」かねない女性たちが抱く「うつうつとした無気力」、「狂気」、「投げやりな無知」を解毒してくれる、と熱っぽく述べている。[57]悪天候で庭に出られないときには、スミスは温室の植物に目を向けた。つまり、カウパーが『仕事』で詩に書いた有名な言葉どおり、「庭を愛する者は温室も愛する」のだ。

天候の良し悪しを気にする必要もない
そこには異国の美が咲き乱れ、暖かく、心地よい
外では風が吹き荒れ、雪が降っていようとも[58]

スミスもまったくこれに同感だった。彼女の詩「冬に咲いたゼラニウムによせて」（1804年）では、その「陽気な色合い」が「冬の憂うつ」を打破してくれると称えている。このような安らぎを与えてくれる花は、「不運のさなかの真の友人」でもあった。[59]

ゼラニウムの友人を必要とした女性と言えば、ジェーン・オースティンの3作目の小説『マンスフィールド・パーク』（1814年）のヒロイン、ファニー・プライスを思い出す。ファニーは、伯父伯母であるバートラム夫妻の援助を受けて暮らす貧しい少女だ。一家は彼女が身の丈以上の望みを持たないよう、質素な暮らしをさせている。寝室は「召使い用の部屋近くの、小さな白い屋根裏部屋」だったが、この家の娘たちが教育を終えるとファニーは「勉強部屋」と呼ばれていた「東

の部屋」に移る。家具は傷み暖房もないが、ファニーにとってこの部屋は「快適な自分だけの場所」だ。「鉢植えの様子を見たいとき」や、「階下で嫌なことがあったとき」にはいつでもこの隠れ家に逃れることができた。ある日、極めて不快なやり取り（いとこたちやその友人らに、家庭内で演じるには不適切な内容の芝居に参加するよう求められたのだ）の後、急いで2階に上がったファニーは、「ゼラニウムに風を当て、自分も深呼吸すれば力が湧いてくるかもしれない」と願う。[60] スミスと同じように（そして彼女のお気に入りの詩人カウパーの言葉を借りれば）、ファニーも「ひどく不愉快な世界から逃れたい」と思っているのだ。[61]

もっとも、「注意深く育てること」が求められる点だけがファニーと「暖かい地域から移植されたゼラニウム」をつなぐわけではない。[62] この小説は、ヒロインとその植物が生まれ育った土地と階級から引き離されたという類似性を描き出している。ファニーは、ポーツマスの中流階級の家からバートラム家に「移植」され、マンスフィールド・パークという肥沃な土壌で（華やかに）花開くことを期待されているのだ。

シャーロット・スミスは詩「一輪のゼラニウムへ」で同様の過程を描いた。彼女の『詩に親しむ会話 *Conversations introducing poetry: chiefly on subjects of natural history. For the use of children and young persons*』に収録された次の詩は、ゼラニウムの背景を簡単に説明する教育的な描写で始まる。

アフリカの乾いた土地に生まれた
汝、そしてさまざまな種類の仲間たち

無視され、軽んじられながら成長した
黒人たちに踏みつぶされた土の下で
汝の繊細な花びらは、ばら色に輝く[63]

『詩に親しむ会話』では、この植物の起源と異国の地に運ばれる過程が子供たちに説明され、さらに「乾燥させないために露で」適切に潤すための「技術」が指南される。そして最後に、「アフリカの乾燥いた土地」から救い出されたゼラニウム（つまりペラルゴニウム）は、「月日が経つと衰える」在来種のゼラニウムより優れていると締めくくられている。

新しい美を次々と生み出す
汝の光の花束
そして大理石模様の瑞々しい葉

スミスのこの詩は典型的な植民者の論理を示している。異国に生育する植物（「踏みつぶされ」てはいないにせよ「無視され、軽んじられ」た）はヨーロッパの文化によって大いに改善される（葉は「大理石模様」で、花は「輝く」）のだ。この考えに基づくなら、「異国の土地で帰化した」アフリカの植物があれほどたくさんの花を咲かせたのも不思議ではない。

『夏の夜』。チャイルド・ハッサム、1886年、油彩、カンバス。

風はまるで感謝を示すかのように吹き
赤く色づく戦利品を自慢げに揺らす
汝の美しいばら色の花を

ファニー・プライスの問題は（バートラム家に関する限り）、少なくともある時期感謝の花を咲かせることを拒否したことだ。その代わりに彼女は東の部屋に「居場所」を見出し、「入植」したと言える（この部屋で彼女は植物を育て、中国に関する本を読んでいた）。「東の部屋」は、求婚の舞台となるサザートン屋敷やファニーの伯父バートラム卿が西インド諸島に設立した農園など、広い世界で起きたことを解説する役割を担っている。この部屋は狭く寒いという一見不便な場所ではあるが（伯母はファニーに「部屋の暖炉を使わないように」と命じていた）、ファニーとゼラニウムが花を咲かせ、洗練された美しさを得るためのガラス温室として機能している。園芸に関する著作の多いジェーン・ルードンの言葉を借りれば、そもそも東向きというのは「朝の太陽を浴び、一日のうち最も心地よい暖かさを感じる時間」を過ごせる場所だ。[64]やがてファニーは、スミスのゼラニウムのように新しい場所に順応し、逆に故郷ポーツマスの「絶え間ない騒動」にうまく対処することができなくなる（一度故郷に戻ったファニーの描写は、新しい土地に移植された直後に「黒人」に踏みつけられる場所に戻る羽目になったゼラニウムのようだ）。マンスフィールドにはきれいに手入れされた庭園と植物があり（ポーツマスとは「なにもかもが正反対」）、ファニーにとってはすでにここが「わが家」だった。そのことは、ファニーが「監禁と汚れた空気、嫌なにおい」に再び直面して初めて「植物が芽吹き、成長する様子を見ることが自分にどれだけ喜びをもたらしていたか」に気づくことからもわかる。[65]

ファニー自身の「成長」とは、彼女が徐々に道徳的、社会的、外見的に洗練されていくことだ。バートラム卿がアンティグアから戻り、東の部屋に暖炉を設置したりファニーの「晴れ舞台」を企画したりする頃には、彼女は「見目麗しい」女性に成長している。顔に「赤みがさして」きただけでなく、「10月から身長が少なくとも2インチは伸びたに違いない！」。バートラム卿はまるで満足げなプラントハンターのように、ファニーの「マンスフィールドへの移植」は成功だったと結論づける。[66]

イギリスの文学者バーバラ・ハーディが指摘したように、多くの点で「ファニー・プライス」はヴィクトリア朝のヒロインの先駆者だ[67]。エミリー・ディキンソンの言葉を借りるなら「小さなランプと本、それにゼラニウム1鉢」しか持たない孤独な少女の姿は19世紀の文学の定番となり、20世紀に製作された数々の映画にも登場した。もっとも、窓辺の友人はそのエキゾチックな魅力を完全に失ったわけではないが（ディキンソンは自分のゼラニウムをトルコの「王妃」にたとえ、「ハチドリたちが舞い降りてくると、ゼラニウムと私は目を閉じ、遠くへ行く」と書いている）[68]、ほとんどの場合家庭的でとても道徳的な友人という役割に変化していく。ヴィクトリア朝の良き母親は植物の分類や繁殖方法について子供たちに教える代わりに、だらしなさや虚栄心や不注意と戦うための武器としてゼラニウムを利用した。この花に、伝えるべき新しい言葉が与えられたのだ。

第3章　交配の歴史と花壇の進化

1816年にはすでに、「ヨークシャーやノーフォークでアフリカのゼラニウムを見かける」のが特別なことだった時代を懐かしむようになっていた。植物学者ジェイムズ・エドワード・スミスは「今や、どの家の屋根裏部屋やコテージの窓もあの美しい植物の一族に占領された」と述べている。[1] 第3章と第4章では、ゼラニウムが温室の外来植物から、一般的なイメージとしても現実の生活においても窓辺や花壇に欠かせない「フィラー」［1本の茎に多くの花をつけ、すき間を埋めるのに重宝される植物］へと変身を遂げた経緯を紐解いていく。多くの点において、現在のゼラニウムの概念はこの変身の結果もたらされたものだ。

19世紀にペラルゴニウムが普及した背景には、多岐にわたる要因がある。そのひとつは園芸に革命をもたらした新技術――特に植物の交配と大量生産を可能にしたガラスと鉄の新たな温室と、植物を運ぶ蒸気鉄道網の導入だ。工業化によって都市部の人口が急増し、人々は農村とのつながりを「草花を育てたい」という願望を通して頻繁に（少なくとも逸話の上では）示すようになった。第

『ロシアのゼラニウム』、1832年。ル・メルシエによるリトグラフ画、パリ。フランソワ＆ルイ・ジャネット社。

4章では、「コテージの外来種」として再発明されたゼラニウムについて掘り下げていく。[2] だが、まずはヴィクトリア朝以前、すなわち摂政時代の高級なペラルゴニウムから始めよう。ウィリアム・ビーチーが制作した1831年のアデレード王妃の肖像画を見てもわかるように、ペラルゴニウムは当時好んで描かれた植物だった。

かつてゼラニウム栽培における社会的地位はアフリカ原産の最新品種を所有しているかどうかで判断されたが、19世紀初頭に消費が拡大して広く流通するようになると、「流行に敏感な世界」の住人たちはロンドンのウエストエンドの苗木商から最新の華やかな品種を競って購入するようになる。摂政時代に催されたパーティでは、「ウォータールー」、「ロイヤル・ジョージ」、「プリンス・リージェント・ゼラニウム」といっ

『アデレード王妃』。ウィリアム・ビーチー、S・W・レイノルズによる彫板。1831年。

「ペラルゴニウム・フッセヤヌム」、ロバート・スウィート著『フウロソウ科全集 *Geraniaceae*』プレート版 No. 92。エドウィン・ダルトン・スミスのスケッチをもとに J・ワッツが製作した彫板。

た名前の品種が邸宅の最も目立つ場所を麗々しく飾った。[3] ロンドンが花期を迎えると人々は苗木商からひと晩、1週間、1か月単位で植物をレンタルし、その注文数は数鉢から数百鉢までさまざまだった。温室や特設の東屋、さらには客間にもあらゆる種類の凝った容器や籠、スタンドが置かれ、「苔床に花や外来種の低木の鉢がずらりと並び、あたかも室内のあちこちに花壇が出現したかのようだった」[4]。

新しい品種が誕生した背景には苗木取引が急成長するなかで交配が盛んに行われたことに加え、貴族のメアリー・ハッシー、第2代リバプール伯爵で1815年から1822年まで首相を務めたロバート・バンクス・ジェンキンソン、そして彼の従兄弟のロバート・H・ジェンキンソンやリチャード・コルト・ホア卿など裕福な愛好家による交配も盛んだったことが挙げられる。同じ栽培品種が異なる名前で呼ばれることも多かった。たとえば、レディ・メアリーが「P. husseyanum」と呼んだ品種は「ブラウンズ・デューク・オブ・ヨーク・ゼラニウム」という名でも知られ、さらにコルト・ホア卿は「P. Robertsoni」と呼んでいた。[5] 1820年代にはコルト・ホア卿はウィルトシャー州ストウヘッドの温室で600種を栽培し、園芸店のなかでも最新の品種を扱うキングス・ロードのコルヴィルという店から500種を購入している。[6] 1829年、ジャーナリストのウィリアム・コベットは、商業栽培者やアマチュア園芸家の間でペラルゴニウムが「オランダの花屋にとってのチューリップやヒヤシンス」のような存在になったと述べた。「彼らはペラルゴニウムのために費用を惜しまず繁殖室や温室を建て、品評会を開き、新品種にいかにも高級そうな名前を与え、その美を余すところなく伝える大著を出版する」[7]

サフォーク州ウェンハストンにあるウッテンズ園芸店のPelargonium x Ardens。2010年撮影。

この「大著」とは、具体的にはヘンリー・アンドリュースの『ゼラニウム *Geraniums*』全2巻（1805～1806年）と、コルヴィル園芸店の職長だったロバート・スウィートの『フウロソウ科全集 *Geraniaceae*』全5巻（1820～1830年）のことで、かつて珍重された品種に関する記録として現存する唯一の資料だ。もちろん、イギリス国外にもペラルゴニウムの熱狂的ファンはいた。スウィートはこの大作をまとめるにあたり、パリ（レリティエ、ド・カンドル、カヴァニレス）、ウィーン（ニコラウス・フォン・ジャカン）、ベルリン（カール・ルートヴィヒ・ヴィルデノウ）、

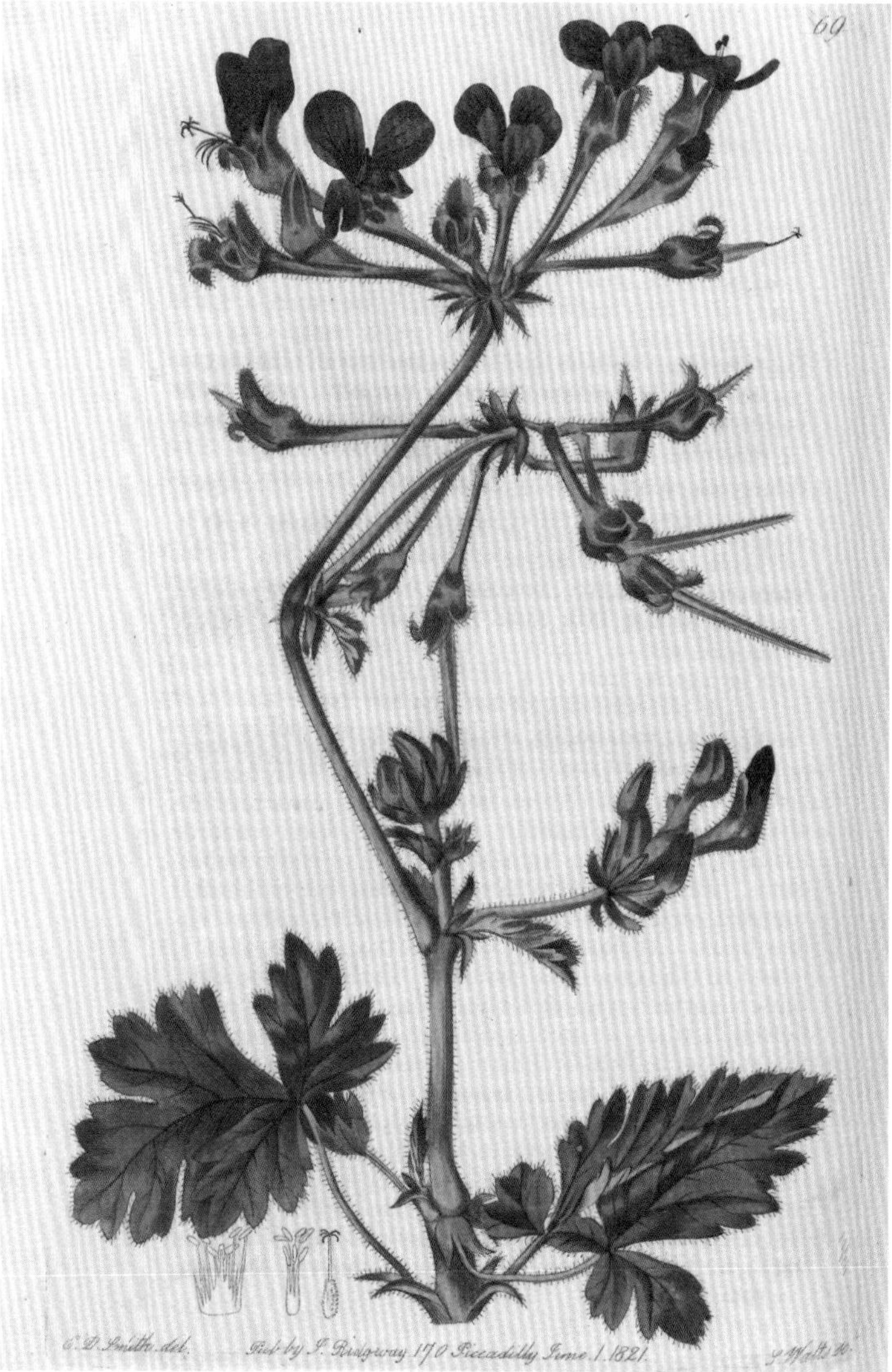

Pelargonium fulgidum。ロバート・スウィート著『フウロソウ科全集』プレート版 No. 69。エドウィン・ダルトン・スミスのデッサンをもとに J・ワッツが製作した彫板。

ライデン（ヘルマン）、アムステルダム（ブルマン、コメリン）、ロンドン（ディレン、マーティン、エイトン、アンドリュース）で刊行された書物を参考にしている。オーストリアの宮廷植物学者レオポルド・トラッティニックは1825年から1843年にかけて、「スウィートの補遺」としてドイツの交配種400種を詳述した4巻からなる『ドイツ原産の新種ペラルゴニウム（*Neue Arten von Pelargonien deutschen Ursprunges*）』を刊行した。

新しい品種や栽培種が増えたことで、さらなる分類が必要になった。アンドリュースが植物を「優美なもの」、「華麗なもの」、「格調高いもの」と単純に分類したのに対し、スウィートは10の新しい属を導入するべきだと提唱している。だがこのような大胆な変更はあえなく却下され、1824年にスイスの偉大な分類学者オーギュスタン・ピラミュ・ドゥ・カンドールがPelargonium属を12節［属を細分する際に設けられる階級］に細分化した。もっとも、スウィートが提案したJenkinsonia（11種）やHoarea（80種）といった節は現在も使用されている。[8]

数が少なく扱う園芸店は限られるが、今でも購入可能な一代交配種［形質が異なる2品種を掛け合わせて作出された一代目の品種］もあり、なかでも「輝くゼラニウム」と呼ばれるPelargonium x Ardens（アーデンス）は最高級品だ。[9] 北半球では晩冬から早春にかけて咲き、中央に赤茶色の斑点がある美しい緋色の花を咲かせる。スウィートが「クサノオウに似た葉を持つフウロソウ」と呼んだP. fulgidumと、「ハナウドに似た葉を持つフウロソウ」ことP. lobatumの交配で作出されたアーデンスは、ロンドンのハマースミスにあるリー＆ケネディ園芸店のジェイムズ・リー（息子のほう）が生み出した数多くの交配種のひとつだ。この店は規模と高級感が評判を呼び、サッカレーの小説

『虚栄の市』にも名前が登場した。アミーリアが兄から花束をもらってお礼のキスをする場面で、「アミーリアのような可愛い娘からキスをもらえるなら、リー氏の温室の花を買い占めてもいいほどだ」というくだりだ。[10] 今日、このような賛辞を受ける園芸店があるだろうか？

P. fulgidum の鮮やかな緋色の花に魅せられたのはリーだけではない。P. fulgidum は低木の P. cucullatum とともに当時最も人気があった交配種で、「ユニーク」と呼ばれる品種の親でもある。[11] 人気の高いリーガル種（アメリカではマーサ・ワシントン、ドイツではエデルと呼ばれる）の親である cucullatum が長く愛され続けているのに対し、花期が短い P. fulgidum はやがて人気を失っていくのだが、1820年代に育種家が最優先したのは花期の長さではなかった。たとえば、コルト・ホアにとってはこの上なく鮮やかな赤い花の作出が五大目標のひとつであり（ほかの目標は紫、斑入り、縞模様、大輪の品種を作出することだった）、最も成功したP. fulgidum の交配種は「イグネッセンス（「燃える」の意）」や「シンチランス（「きらめく」の意）」と名づけられた。その後も微妙に形質が異なる品種が次々と生み出されていく。[12] スウィートの『フウロソウ科全集』第1巻に掲載された2品種、「ダビヤヌム」（「イグネッセンス」の子孫で、キングス・ロードにあるトーマス・デイヴィーの園芸店で5ギニーで購入）とロバート・ジェンキンソンによる交配種「大輪の花を咲かせるフウロソウ」（「マクランソン」）は、ゲラン＝メヌヴィルの『絵で見る博物図鑑 *Dictionnaire pittoresque d'histoire naturelle*（1833～1839年）』に美しい背景とともに描かれている。[13] どちらの交配種も、やがて絶滅してしまった。

多くの繊細な植物を繁殖させ、保管できるかどうかは、温室や貯蔵所（当時は温室の機能を備え

P. Macranthon と P. Daveyanum、ゲラン＝メヌヴィル著『絵で見る博物図鑑 *Dictionnaire pittoresque d'histoire naturelle*』に収録のペラルゴニウム。プレート版No.469。

ハンフリー・レプトン著『造園の理論と実践についての考察 *Fragments on Theory and Practice of Landscape Gardening*』（ロンドン、1816年）より「冬の促成栽培」。カラーリトグラフ。

た貯蔵所があった）の開発にかかっていた。[14]透明な屋根を持つ建造物が初めて登場したのは18世紀末で、イギリスの造園家ハンフリー・レプトンは「ゼラニウム、エリカ、そのほか日光をたっぷり浴びる必要のある外来植物が、温室の構造に非常に大きな変化をもたらした」と述べている。[15]「後壁に組みこまれた蛇腹状の煙道を通して暖炉の熱風を送りこむことで温度を上げた」これらの建物は、バンクシア、プロテア、エリカ、ペラルゴニウムなど、通気性がよく乾燥と適度な暑さを必要とするケープ原産の植物には理想的だった。[16]だが、18世紀半ばに蒸気や温水による暖房が普及し、湿度の高い環境で最新のランやシダ植物が栽培されるようになると、ケープ原産種の人気は下降していった。唯一人気を保っていたのはペラルゴニウムで、鉢植えに適し、繁殖が容易で、冬にも花が咲き、多くの種類は葉の香りが高いことから購入する客は途絶えなかった。

その上、新たなガラス温室には機能性以上の価値があった。コベットは「温室で自然に触れることの道徳的効果」を強調したし、ほとんどの人々にとって「邸宅のどこかの部屋」に付属する、優れた設計の温室は「洗練された現代的な贅沢品」だったのだ。[17] 前述した『虚栄の市』からも、当時の様子をうかがうことができる。サッカレーの小説の登場人物のなかで最も鋭い目で社会を見ているベッキー・シャープは「田舎のお金持ちの奥さん」として年間5000ポンドで生活する自分を想像し、温室をとりとめのない娯楽の場であり象徴だと考えている。「温室をぶらぶらしたり、壁づたいに生《な》ったアプリコットを数えたり」と彼女はつぶやく。「温室で草花に水をやり、ゼラニウムの枯葉を摘み取って暮らすのよ[18]」。19世紀を通じて、「優美なゼラニウム」の葉を摘むことは、時間を持て余す裕福な女性に与えられた務めだった。[19]

ヴィクトリア朝の作家が皆、ガラスの温室の魅力に冷ややかな目を向けていたわけではない。ジョージ・エリオットの『フロス河畔の水車場』（1860年）やチャールズ・ディケンズの『デイヴィッド・コパフィールド』（1850年）は1820年代を舞台にした小説で、恋人たちの逢瀬、ゼラニウムがもたらす陶酔、道徳観念の危機を描く場として温室が登場する。[20]

『フロス河畔の水車場』は義務と衝動、過去の責任と未来の約束の間に生じる葛藤を描いた小説だ。その葛藤が伝わってくる場面として、マギー・タリヴァーとスティーヴン・ゲストのある会話を紹介しよう。互いに別の相手がいるにもかかわらず、ふたりは強く惹かれ合っている。「大いなる誘惑」のときはしばらくの期間続き、ふたりは美しいラバーナムの茂みを散歩したりもするが、どうにか理性を保っていた。だが、ある晩ゲスト家の屋敷で開かれた舞踏会で、スティーヴンはマギーを温室へと誘う。ここは魅惑的な偽りの場所だ。温室に入ってすぐ、マギーは人工的な光が植物に与える「奇妙で非現実的な」効果についてこう語る。「どれも魔法の国のものみたい。（中略）宝石でできているって言われても不思議じゃありませんわ」

マギーはそう話しながら、ずらりと並んだゼラニウムの花に目を向けていた。スティーヴンは無言だったが、その目は彼女に注がれていた。優れた詩人は闇を黙らせ、光を雄弁にして音とひとつに融け合わせるのではないだろうか？　スティーヴンが彼女に注ぐ眼差しは光を帯び、どこか不思議な力があった。そしてマギーはその光を感じて振り向き、顔を上げた。ゆっくりと、輝きを増す光に応える花のように。[21]

ふたりは「おぼつかない足取りで」歩き続け、温室の端まで来ると「狂おしいばかりの衝動」に駆られたスティーヴンがマギーの腕にキスの雨を降らせる。彼女は侮辱されたと感じて、「花」から「傷ついた戦いの女神」へと変容する。マギーは一時的に開花しただけであり、あの自然でありながら不自然な独特の環境で「促成栽培」された植物のようなものだった。スティーヴンは宝石のような温室植物にふさわしい男だ。ディーン家の客間に現れた彼は「ダイヤモンドの指輪、バラ油、気ままでのんびりした雰囲気」を身に着けているが、それらはすべて「町一番の製油所と広大な波止場の経営で得た富を、優美に芳しく象徴している」。マギーは苦しみながらも、最終的にはスティーヴンの富と誘惑的な香りに抗い、その結果別の花を咲かせることになった。物語の終盤、製油所と波止場が利用している川の氾濫によって彼女と兄のトムは洪水に巻きこまれる。そして命を落とす前に最後の「崇高な瞬間」が訪れ、ふたりは「ヒナギクが咲き乱れる野原を一緒に歩き回った」子供時代を「再び」生きるのだ。[22]

子供時代の無邪気なヒナギクと成熟した魅惑的なゼラニウムのような明確な対比は、アイデンティティの混乱に大きく関わる小説『デイヴィッド・コパフィールド』には存在しない。物語の冒頭に登場するデイヴィッドの母クララ・コパフィールドは未亡人で、魅力的だが「子供っぽく」、息子の世話よりも見栄えを気にする「赤ん坊」だ。夫人は「きれいなドレス」を着て、「かの有名なゼラニウム」を「応接間の窓台」に飾っている。ディケンズは、クララ・コパフィールド自身がその植物の世話をしているのか、それとも使用人のクララ・ペゴッティに任せているのかは言及していない。いずれにせよ、デイヴィッドの母親はこの派手な花をおおいに利用するのだ。ある日曜日、彼女に言い寄っている謎の「紳士」マードストーンが教会から家まで歩いてやって来る。

そのときも彼は家まで送ってくれ、居間の窓に飾ってあるゼラニウムが見たいと部屋に入ってきた。あまり興味があるようにも見えなかったが、帰る前に少し花を分けていただきたいと母に頼んだ。母はどうぞお好きなのを、と言ったがマードストーンがそれを拒んだ――当時の僕には理由はわからなかった――ため、母は花を摘み取り彼に手渡した。彼はいつまでも大切にします、と言っていたが、ゼラニウムの花が1日か2日で散ってしまうことも知らないとはよほどの馬鹿なのだろう、と僕は思った。[23]

『デイヴィッド・コパフィールド』は有名な心理学者フロイトの愛読書だが、この場面を読めばその理由がわかるだろう。若き日のデイヴィッドは当時何が起こっていたかをはっきり「理解」できず、母親に対する自分の感情を認識できなかったかもしれないが、彼の潜在意識はゼラニウムと欲望を直接的に結びつけていたのだ。そう考えると、彼が次にゼラニウムに出会うのが「魅惑的な」ドーラ・スペンローにぞっこんだった時期だというのは残念なことだ。彼は郊外のノーウッドに彼女を訪ね、一家の新しい温室に案内される。

そこには美しいゼラニウムが咲き乱れていた。僕らはその前をぶらぶらと歩き、ドーラがしばしば立ち止まってあれこれと花をほめるので、僕も立ち止まっては同じ花をほめた。ドーラは笑いながら子供のような仕草で犬を抱き上げ、花のにおいを嗅がせた。ドーラと犬がどう思っているかは別にして、僕はまさにおとぎの国にいる気分だった。この日、ゼラニウムの葉の香りを吸いこんだ僕が一瞬にしてどう変わったのか、半分滑稽に、半分真剣に思い出して不思議に思う。そして、今でも目に浮かぶのだ。麦わら帽子と青いリボン、豊かな巻き毛、花と鮮やかな色の葉の茂る花壇を背に、細い2本の腕で抱きかかえられた小さな黒い犬が。[24]

この第26章のタイトルは「恋に捕らわれて」だが、捕らわれの身になることは予期されたことだったのかもしれない。ゼラニウムに囲まれたドーラ――「巻き毛」と「花」の組み合わせ、植物の手入れをするのではなく犬と戯れてみせる子供のような女性――は、明らかにクララ・コパフィールドそっくりだ。

だが、まだすべてが失われたわけではない。『フロス河畔の水車場』が大人になることを悲劇的な視点で描いているのに対し、ディケンズは主人公（彼には多くのあだ名があり、そのひとつは「デイジー」〔「ヒナギク」の意〕だ）を成熟させ、花への衝動を断ち切る機会を与える。ドーラの死後（「花は咲いたまま枯れた」）デイヴィッドは再婚し、より良い人生を送ることになる。もっとも、アメリカの詩人エイミー・キングが指摘したように、ディケンズはドーラにも「甘美に咲く」側面があったと主張している。[25]

●才覚を駆使して、より色鮮やかに

スペンロー家自慢の郊外の温室は、この時代の流れを象徴している。1824年、造園家J・C・ラウドンは『温室の友 *Greenhouse companion*』を出版し、50年前には「贅沢品」だったものが、鋳鉄の発明により「すべての別荘や多くの町の住宅に建てられるようになった」と論じている。[26] そうした温室の所有者は「外来種栽培の一般的な決まり」に疎いため手引書が必要だ、とラウドンは論じた。[27] また、急成長する都市の中流階級には外来植物以外にもいろいろと手引きが必要だった。花壇をどう配置すればいい？ 低木の選び方は？ 芝生の手入れは？ このような多くの問題を扱ったラウドンの指南書のシリーズは、妻ジェーンの著書とともに「19世紀の園芸家のバイブル」となる。[28]

彼は1826年に雑誌『ガーデナーズ・マガジン *Gardener's Magazine*』を創刊し、1843年に亡くなるまで刊行は続いた。この雑誌がきっかけとなり、『ジャーナル・オブ・ホーティカルチャー *Journal of Horticulture*』、『コテージ・ガーデナー *Cottage Gardener*』、そして「19世紀最大の園芸紙」と呼ばれたジョセフ・パクストンの『ガーデナーズ・クロニクル』紙などの雑誌や新聞が次々と発行されることになる。今も刊行されている『カーティス・ボタニカル・マガジン』に続き、この雑誌の廉価版とも言える『フローラル・マガジン *Floral Magazine*』も創刊されたが、その内容は植物学的な観点と装飾としての植物から実用的な園芸術に変わっていった[29]。大半の出版物の目的は「有用な知識の普及」であり、挿絵はたいてい小さな木版画が掲載されるに留まっていた。

ラウドンの最も有名な著作『郊外に住む園芸愛好家とコテージの友 *The Suburban Gardener and Villa Companion*』（1838年）には、「一流」（10エーカー以上）の庭から「4流」（職人や事務員が住む集合住宅の裏庭）まで、あらゆるタイプの庭が紹介されている。これを読むと、少し後に発売された小説『無名なるイギリス人の日記』〔ジョージ＆ウィードン・グロウスミス著。梅宮創造訳。王国社〕の語り手プーター氏が「狭く素敵な裏庭」と園芸に関する「ささやかだが優れた本」を持っていたことを思い出す人もいるかもしれない[30]。ラウドンが著書で掲げていたテーマは、「ロンドン近郊に住む年収200ポンドから300ポンドの人々も、イングランドの大貴族と同じように園芸に必要なものをすべてそろえることができる。しかも、貴族よりもごく少ない費用で」という非常に民主的なものだった[31]。広大な庭園を持たなくても規模を縮小してできることがある、という主張は今日でも園芸界を支配する考えだ。そして、小さな土地でも工夫次第でさまざまな使い道がある。

1838年当時、温室はまだ非常に高価だった。ラウドンは温室にかかる費用を150ポンドから

200ポンド（多くの彼の読者の年収と同じ）程度と推定し、「朝と夕に1、2時間しか作業時間を取れない」会社勤めの人には小さな温室で十分だと提案した。また、「非常に狭い」家の住人には、「別荘の温室や邸宅の温室を連想させる」ものとして、普通の窓に60センチほどの窓台を設置して水槽を思わせる「植物棚」を作ることを提案している。[32] このような需要もあり、次に小型化が進んだのは植木箱や植木鉢だ。

1845年にはガラス、1850年にはレンガへの課税が廃止され、温室は一般家庭にも栽培業者にも手が届くものになった。特に、鉄道網の発達により流通が拡大して大量生産が可能になったことで、ゼラニウムは新たな形で広く親しまれるようになる。夏の間に温室で育てた植物を植えこむ「花壇方式」は多くの人にとってヴィクトリア朝盛期の庭園の典型であり、また産業発展の結果であると同時に祝福でもあった。花壇づくりには多くの人手が必要になる。都市の住宅の庭、自治体が運営する墓所、公共の植物園や公園（いずれも19世紀半ばに整備された）の花壇は、花の美しさとともにどれだけの労働力を有しているかを周囲に示す手段でもあった。ハイドパークでは1859年の夏、3万から4万の花壇植物が植えられたと推定される。[33] また、イギリスの政治家ファーディナンド・ド・ロスチャイルドの邸宅、ワデスドン・マナーハウスの園丁長が「花壇の規模を見ればその屋敷の主の地位がわかる」と言ったのは有名な話だ。「地方の大地主で1万本、男爵で2万本、伯爵で3万本、公爵で5万本——そして、このワデスドン邸には6万本の植物がある」[34]

花壇づくりにはさまざまな側面がある。霜に弱い植物でも正しく手入れすれば8か月間は人の目

『庭仕事 ── 6月の植え替え』、『グラフィック *The Graphic*』紙（1870年6月4日付）より。

を楽しませる、と単純に言い切ることはできない。ただ同じ種類、同じ外見、「同じ時期に開花」する植物を植えればいいというものでもなければ、苗を隙間なく植え入れてとりあえず「7月中旬に花壇が花でいっぱいに」なればいいというものでもない。また、毎年秋に枯れた植物を根こそぎ除去し、春に新しい花壇をつくるのがよいとも限らない。花期の最中も園丁の仕事は忙しさを増していく。花壇の外観のあらゆる面に目を配り続けなければならないからだ。枯れ葉や色あせた花はすぐに取り除かなければならず、手引書にあるように「花壇から15センチ以上伸びた芽は切り落とすか固定しなければならない」[35]。花壇の周囲の芝生もなめらかで、常に雑草がない状態に保つ必要があった。とにかく大切なのは「整える」ことだ[36]。

　造園家レプトンが主張したように、「整える」という風潮は庭園が「自然よりもむしろ芸術」に属するという事実を際立たせた[37]。「自然」と「芸術」の違いは、ラウドンによれば「野生状態の自然」を模倣したピクチャレスク《絵画的》植栽か、「人間の欲求や願望に適うように、ある程度の世話や改良を施して」自然を模倣したガーデネスク《庭園らしい》植栽かということになる[38]。そして、ゼラニウムはガーデネスクを体現する植物とされた。その理由のひとつはゼラニウムが鉢植えに適していることであり、ラウドンが好ましい点として挙げたように「鉢に植えれば自然の習性に関係なくこちらの望む形に整えることができる」[39]。また、鉢は持ち運びができ、好きな場所に配置して好みの雰囲気をつくり出す効果もあった。たとえば、鉢をずらりと並べれば新古典派の郊外の別荘や、当時目新しかった壮大な建物のイタリア風テラスにふさわしい「シンプルな美しさ」を演出することができる[40]。E・アドヴェノ・ブルックが描いた重厚な英国庭園の絵からもわかるように、19世紀半ばにはスカーレットゼラニウムの壷を一定の間隔で飾るのが定番だった。

ピクチャレスク式とガーデネスク式の重要な違いは、色の使い方にある。ピクチャレスク式の庭園ではさまざまな種類の花を混ぜ合わせて「不調和で複雑な」色合いが表現された。[41]だが、1820年代以降は「一色の美しさ」に重点が置かれるようになる。イギリスの評論家リー・ハントは「一般的に、人は単一の色を心から愛で、賞賛するものだ」と書いている。自然が青（空）や茶（田畑）など塊ごとに構成されているように、花もひとつの塊として「純粋な」単一の美しさを表すべきだという主張だ。[42]南アフリカ（ペラルゴニウム、ロベリア）や南米（バーベナ、カルセオラリア、サルビア）の高温地域原産の色鮮やかな花々がヨーロッパに持ちこまれたとき、それをよく思わない人に対して「こうした花々も自然の創造物なのだ」という説明がなされたはずだ。だが、その考えは花の色彩（紫、青、白、黄、深紅）を強調しようと腐心するあまりほとんど忘れ去られてしまった。「自然の目的」はいつの間にか「美しい花を咲かせることではなく、繁殖力の高い花を咲かせること」に変化したらしい。[43]「美」は草花園芸に課せられた仕事となった。

こうして初めて、色の配置に気を配ることが園芸の植栽デザインに不可欠な要素となった。知覚の物理学と色彩理論、特に色相環に新たな関心が寄せられ、「補色」効果や原色と二次色「2種類の原色を等分に混ぜて得られる色」の問題にも注目が集まった。ゲーテは原色を赤、青、黄だと定義し、視覚から「調和」や「完全性」という感覚を得るためにはひとつの原色とその「複合色」（他のふたつの原色を交ぜ合わせたもの）間の「結合」が必要だと論じた。[44]だとすれば、「すべての色のうち最も刺激的でエネルギーを持つ」赤は、「赤の補色で、目にとって最も心地よく優しい色である緑」

E・アドヴェノ・ブルック著『イングランドの庭園 *The Gardens of England*』(1856～1857年)に収録の「ハーウッド・ハウスの装飾花壇」、多色刷りリトグラフ。

E・アドヴェノ・ブルック著『イングランドの庭園』(1856～1857年)に収録の「ひな壇式花壇」、多色刷りリトグラフ。

と合わせるのが最適ということになる。リー・ハントにとって「太陽の下で緋色の花を咲かせて輝き、後ろのボダイジュの木によってその赤さを際立たせたゼラニウム」は絵のように美しく、ゼラニウム自身が「私を描いて！」と叫んでいるように思えた。[45] 花壇方式の導入によってこのコントラストは植栽デザインに応用され、スカーレットゼラニウムの広い花壇には芝生の緑が植えられて花の色を引き立てるようになった。ゼラニウムの花は文学の世界でも賞賛の的だ。たとえば、コヴェントリー・パットモアの長編詩『家庭の天使』の冒頭では、恋人たちが芝生を眺めながら「甘い時間」を過ごしている。

短く刈り込まれた芝とゼラニウムの花壇
競うような緑と赤の輝き[46]

また、S・W・パートリッジは、「整えられた芝に広がる、燃えるような塊」は、「腐敗と死」（夏の雨に打たれたゼラニウムを言い得て妙だ）の状態であっても「その情景を真に迫ったものにする」と書いた。[47]

色彩を適切に表現するには外観のデザインが重要だ。花壇植物は幾何学的模様を基調にして、ひとつの、あるいは左右対称に配置された複数の花壇に注意深く配置された。花壇の形は円形が多いが、三日月型、コンマ型、腎臓型、S字型などもあり、「緑の地に咲く緋色、深紅、青、オレンジの花の塊」が織りなす色彩は高台のテラスや2階の窓から眺めると特に絶景だった。[48] 花壇方式は19

世紀半ばから後半にかけて新しい市民公園でも採用されて次第に定番化していくが、庭園の花壇とは異なる形式も生まれた。歩行者の足を止めないように設計された赤、白、青の細い「リボン」のようなボーダー花壇、水玉模様の色の配置が規則的に繰り返される円形の「ピンクッション」型花壇、複雑な紋章や言葉を描いた「カーペット」花壇などだ。[49] 多くの雑誌や書籍で、このような花壇をどう設計、配置するかが詳細に説明されている。一例を挙げると、1863年3月の『コテージ・ガーデナー』誌には、ダブリン近郊のストラファン・ハウスの花壇に植えられた植物を網羅したリストが掲載されている。そこにあらゆる形と色の25種類のゼラニウムが加わり、ときには香りを楽しむために「ナツメグ」種や「シナモン」種も植えられた。[50]

鮮やかなコントラストを求める造園家は「中間色」を花壇に取り入れるために葉物植物を植え、「鮮やかな縁取りで花壇を際立たせる」ようになった。[51] また、土手を作ったりスタンダード仕立て「途中の枝を切り落とし、幹をまっすぐに伸ばす仕立て方」のフクシアなど背の高い植物を花壇の中心に植えこんだりするなど、高さを意識したデザインも取り入れられた。[52]『フローラル・ワールド *The Floral World*』誌の編集者シャーリー・ヒバードは、ゼラニウムのピラミッドで有名になった人物だ。このピラミッドは粗石と金網を組み合わせて作った6フィート（約180センチ）のコーンに、ゼラニウムの「馬蹄形の濃い葉と鮮やかな緋色の花を均一に」なるようにぎっしりと植えこんで制作された。[53] このような流行の名残は、個人の庭では珍しいが市民公園では今でも見られる。私も最近イプスウィッチ郊外で、赤と白のゼラニウムと紫のペチュニアで埋めつくされたプラスチックのピラミッドに出くわしたばかりだ。

コンマ型の花壇に植えられたゼラニウムとトウゴマ（グラスゴーのポロック・ハウス、2011年）。

花壇の流行は園芸家の育種への新たな刺激となった。ペラルゴニウムは「扱いやすく形を自由に変えられる」植物で、長い間植栽にうってつけの植物と考えられていた。[54] パットモアは『家庭の天使』のなかで、ゼラニウムの「ピンクやバラ色」を「才覚を駆使して、より色鮮やかに」したと誇らしげに述べ、また自身の「人を幸せにする技術」で愛する人の「美しい心」に「新たな美」を植えつけたいと願っている。[55] 当初、交配はどちらかといえば上品な園芸手法と見なされていた。ラウドンは1824年の著書で、ゼラニウムの小さな花束を温室の植物の上に吊るし、どんな新種が生まれるか試してみることを女性に勧めている。そうしてできた交配種の苗を地元の園芸店に預けて栽培してもらうのだ。作家のメアリー・ラッセル・ミットフォードは非常に多くの、しかも質の良いゼラニウムを育てており、自分の苗をほかの植物と交換することを「唯一の贅沢」と呼んでいた。[56] もっとも、多くの場合、植物栽培はもっと大規模に行われていた。ペラルゴニウム

イプスウィッチ郊外のゼラニウム・ピラミッド。2011年撮影。

『フローラル・ワールド *The Floral World*』誌の編集者シャーリー・ヒバードの「ストーク・ニューイントンにある自宅の庭に作ったゼラニウム・ピラミッド」（1864年7月掲載）。

は、コベットが指摘したように新しく華やかな「草花栽培家のための花」として評判を呼び、専門業者間で（厳しい基準に従って）展示やコンテストのために栽培されるようになった。最初のペラルゴニウム協会は1842年に設立されている。[57] 育種家はあらゆる「目新しい色」と形に関心を抱き、花弁がパンジーのような斑を持つ品種（斑入りの「フランス」種の親となる）や、円形に重なり合い「縁が型抜きしたように滑らかな」品種（「ファンシー」種の親）がよく選ばれた。[58] 育種家が目指すのは「完璧さ」であり、彼らにとっての「完璧な品種」は、親品種とできるだけ異なる特徴を持つ種を意味した。[59] いみじくも「型抜き」という言葉に人工的なニュアンスが含まれるように、もはや野生の自然を意識する者はいなかったのだ。

草花育種家が手がけた品種は展示場に並ぶと人目を引いたが、実際に庭に植えるには適していなかった。また、ペラルゴニウムのなかでも最も長い歴史を持つユニーク種も、温室という守られた環境ではきれいに咲いても「花壇に植えると、花期の後半にはあまり花をつけない」。[60] 花壇にはもっと頑丈な植物が適している。8月にも6月と同じように華やかに咲き誇り、まとまりがよく、花も葉も色鮮やかで、夏の雨や暑さにも耐えられる品種、そして何よりも赤であること。そのような理想的な植物を求めていた育種家が注目したのは、1732年に初めて記録され、1819年6月16日にハンプシャー州全域で「一般的に見かける」と記されていた「ガーデンゼラニウム」ことP. x hortorumだ。[61] P. x hortorumは、ルーベンス・ピールの鉢に植えられていた赤い花をつけるP. inquinansと、馬蹄形の葉を持つP. zonaleの交配種だ。親はどちらも背の高い低木で、特に初期のゾーナル種「フロッグモア・スカーレット」は花壇用には適していなかった。だが、フロッグモアと同じ籠にアイビーゼラニウムを植えたところ偶然受精したことで、事態は一歩前進する。結果として、フロッグモアの色と葉、アイビーの匍匐性が組み合わされた交配種が誕生し、当時アメリカで人気だった小人症の芸人にちなんで「トム・サム（親指トム）」と名づけられた。ゾーナル種ゼラニウムはあっという間に「花壇の王様」の地位を確立し、シュラブランド・パークの園丁長で『コテージ・ガーデナー』誌の「草花庭園」担当編集者のドナルド・ビートンは１８６１年、彼が「注文した新種の苗」は非常にすばらしく、まもなく「１８５５年に存在していたすべての花壇用ゼラニウムをテムズ川の底に沈める」ことになるだろうと書いている。[62]ビートンは花弁が細長い「ノーズゲイ種（その親には「温室の古い住人」ことP. forthergilliiという初期の交配種も含まれていた）に特に詳しかったが、一般的に注目を集めていたのはゾーナル種の交配だ。[63]ランダムな突然変異の一例一例が、飛躍的な発見の可能性を秘めていた。次の10年間では装飾的な、あるいは変わり葉を持つ品種が開発されている。最も人気があったのはピーター・グリーヴが作出した3色の「ミセス・ポロック」で、ヴィクター・ルモワンによる八重咲き品種「グローリー・ド・ナンシー」も多くの人の目を楽しませた。[64]フランスでゼラニウム・ブームが始まったのは比較的遅い時期になる。１８３５年にパリを訪れたイギリスの小説家フランシス・トロロープは「イギリスと比べ、フランスではこの美しい植物の栽培や新種の生産にあまり関心が持たれていない」と書いたが、フランスは後にルモワーヌという偉大な育種家を生み出すことになる。[65]彼は、わい性のゾーナル種やアイビー種の変種を開発し、１８９２年にはスカーレットゼラニウムで最も有名な「ポール・クランペル」を発表した。長い間「ポール・クランペル」はバッキンガム宮殿の花壇を彩り続け、近衛兵の赤い

『フローラル・マガジン *The Floral Magazine*』誌第2号（1862年）プレート版No.101、「ミセス・ポラック」。ヴィンセント・ブルックス画。

制服によく似合うと評判を呼んだ。また、映像作家デレク・ジャーマンはこの花の誕生から100年後、その色を「真の緋色《スカーレット》、ゼラニウムにふさわしい唯一の色」と評した[66]。
話を19世紀に戻そう。1868年に「マダム・ルモワーヌ」という品種を紹介した頃には、『フローラル・マガジン』誌はすでにこの植物に興味を失いかけていた。

ペラルゴニウムの仲間についてはすでに風変わりな交配種を本誌で何度も取り上げてきたので、八重咲き品種の出現はそれほど驚くにあたらないだろう。交配によって葉の色合い、花の形、大きさ、色は大きな変化を遂げてきた。そして今、多くの花弁を持つ八重咲き品種が作出され始めたということだ[67]。

ペラルゴニウムの「習性と色の種類は豊富」になり、ヒバードが言うように「熟練した芸術家なら、ゼラニウムを描くだけで必要とされる大半の技法を披露することができた[68]」。今や「12本3シリングで買った安っぽいトム・サム」だらけの花壇などもってのほかだった[69]。
このような交配ブームの最中《さなか》に、チャールズ・ダーウィンがこの植物に関心を持つのは当然の成り行きだった。彼は『ガーデナーズ・クロニクル』紙や『コテージ・ガーデナー』誌などに掲載される育種家の報告書を、変異、突然変異、繁殖、遺伝、「段階的に蓄積された選択の力」を探究する立派な資料だと見なし、しばしば手紙を書き送って記事の内容について意見を交わしている[70]。彼は著書『種の起源』(1859年)ではペラルゴニウムについてその悪名高い「複雑な」交配に言

『フローラル・マガジン』誌7号（1868年）プレート版 No.377、「マダム・ルモワンヌ」。

及し、「これらの交配種の多くは繁殖力が強い」と指摘するに留まっていたが、1860年代には「園芸家の実地体験」をさらに掘り下げるようになっていた。[71] 彼は「クイーン・マブ」と「アルバ・ムルティフロラ」という品種が熱に耐性があることを知り、「この2種は、ほかの大半の品種とは大きく異なる性質を備えているに違いない」と結論づけた。彼は、斑入りの品種になるかどうか（これはわい性との関連もあったようだ）は土壌の種類によることに注目した。ドナルド・ビートンはサフォークで2万本の「パンチ」の苗を6年間育てたが、斑入りの葉を持つものはなかったと報告している。ところが同じ品種をサリーで育てたところ、斑入りのものが1／3作出されたという。土壌の種類に加え、温度の微妙な変化も繁殖に影響を与えた。ダーウィンは、1820年代に育種家に人気だったP. fulgidumが乾燥した温室で種子を越冬させなければ繁殖力を失うことを知って興味を示している。[72]

とはいえ、隔世遺伝と遺伝的形質という点においてダーウィンが最も興味をそそられた品種は、規則正しい丸い花弁が競争好きの育種家の間で人気だった「突然変異をする」ペラルゴニウムだ。彼は、突然変異によって生まれた「クイーン・オブ・スカーレット」などの花は左右対称の配置でゼラニウムの花に似ているが、生殖機能を持たない雄しべがあるところはむしろエロディウムに似ていると指摘した。そして、この品種は「近縁の3つの属の祖先である原始形態に戻った」のかもしれないと推測している。[73]

「スカーレットゼラニウム」。1875年、ジョン・ラスキンのスケッチをもとにジョージ・アレンが製作した彫板による、漉（す）き紙を用いたメゾチント版画。

◉ゼラニウム色

1794年10月31日、マンチェスター文学哲学協会の会員に向けてジョン・ダルトンという若い化学者の講演が開催された。ダルトンは初めて色覚異常という現象を発表、解説した人物だ。彼は封ろうと月桂樹の葉の色、泥とほかの人には緋色に見えるリボンの色の違いがわからなかったことを詳しく説明し、特に昼間は「空色」に見えるP. zonaleの花が、ろうそくの光で見ると「かなり黄色に近く、赤味を帯びて」見えることに驚いたと話した。それから約10年後、多くの雑誌は「ゼラニウム」の色を流行色として取り上げるようになる。[74]

ゼラニウムという植物自体には白から濃い紫までさまざまな色があるが、「ゼラニウム色」は正確には自然界ではあまり見られない「均一な」濃さの赤を指し、ラスキンは1870年刊行の著書『芸術講話』でこれを「絵具で再現するのは難しい」と述べ

ボタンホールに挿すゼラニウムの飾り。シャロン・ウィロビー作製、撮影。

ている。ラスキンは「色彩の明るさが目をくらませ」本来の形を見失うという理由で、学生たちに「ひと枝のスカーレットゼラニウムを光と影だけで表現した」絵を提示した。「全体のドーム状の形、そして内側で平たい花弁が重なり合う様子は、花を緋色に塗らないことでより明確になったはずだ」[75]

ゼラニウムは「ゼラニウム色」でないほうがいいと考えたのはラスキンだけではない。多くの人にとって、この花はいつしか成金趣味の象徴になっていた。1843年、ライバルのチャールズ・ディケンズをからかうことに余念がなかったウィリアム・サッカレーは、舞踏会に出席した後で友人にこう書き送っている。「ディケンズ夫人はピンクのサテンのドレス、ディケンズ氏はゼラニウムに巻き毛という、何ともご立派ないで立ちだった」[76]。ラスキンにとってゼラニウム色は「輝ける仰々しさ」によって作品を台無しにする効果しかなかったが[77]、ディケンズはそのような考えを意にも介さなかったようだ。娘のマミーによれば、彼は「すべての花を愛したが、特に明るい色の花が好きで、なかでもスカーレットゼラニウムがお気に入りだった[78]」。サッカレーの手紙にあった「ゼラニウム」とは、おそらくディケンズがボタンホールにゼラニウムをひと枝挿していたことを指すと思われ、きっと彼の小説『マーティン・チャズルウィット』に登場するトム・ピンチのように、「その日はとても洒落ていかにも夏らしく」見えたに違いない[79]（もっとも、やはり彼の著書『ドンビー父子』〔田辺洋子訳。こびあん書房〕の少佐のように、「ボタンホールに大輪のゼラニウムを挿す[80]」ことまではしていない）。ダブリンで朗読会が開かれたときには終了後にディケンズのファンがステージに上がり、落ちた花びらを記念に持ち帰ることもあったようだ[81]。

ディケンズのゼラニウム好きを示すエピソードはまだまだある。彼は食卓をこの花で飾り、温室で栽培し、ガッズヒルの自宅には大きな緋色の花壇を作っていた。娘のケイティは彼に「パパが天使だとしたら、翼は鏡で、冠はゼラニウムの花でできているでしょうね」と言ったという[82]。天使になってゼラニウムの冠を着けたかどうかは確かめようもないが、少なくとも彼が亡くなった際にはスカーレットゼラニウムの花が棺を埋めつくした[83]。彼の小説のタイトルでもある「リトル・ドリット」というサーモンローズ色の品種や変わり葉の「ドリー・ヴァーデン」（やはり著書『バーナビー・ラッジ』に出てくる赤いリボンの美女にちなんで名づけられた）という品種は今でも流通しているが、不思議なことに「ディケンズ」という品種はまだ誰も（赤いゼラニウムの会員バッジをつけているディケンズ・フェロウシップの面々でさえ）開発していない。一方、深紅と白の華やかな品種に「テニスン」という名がついたのは、テニスンの詩「いま真紅の花びら咲き静まり」（1847年）へのオマージュだろう。この桂冠詩人は鉢植えの赤いゼラニウムがテラスに並んでサセックスの青々とした丘の景色を縁取る光景を愛でたと言われているが、詩のなかでは一貫して「南国の夏を閉じこめた庭園」を拒み、「取るに足りない雑草」や「取り柄と言えば生い茂って繁殖するだけの草花が／生まれた土地の水辺に留まる」ほうが好ましいと書いている。[84]

栽培化された外来種を「派手」で行き過ぎた時代の象徴として見たのはテニスンだけではなかった。1843年、アメリカの小説家ナサニエル・ホーソーンは「自然は人間によって完全にコントロールできる」と信じるマッドサイエンティストが、ゼラニウムの葉から「見苦しい染み」を除去

「明るいゼラニウム色のベルベットの上着」と合わせた「外出着」、『ベル・アセンブリー *La Belle Assemblée*』誌（1819年12月号）より。

ジョージ・C・レイトン画、「朗読を行うチャールズ・ディケンズ」。

したのと同じ調合液で美しい妻の痣を消そうとする物語を書いた。夫の薬を飲んだ妻の痣は消えるが、同時に「完璧となった女性」は死んでしまう。[85] このホーソーンの寓話的な物語が「自然の不完全さを科学で補うことはすべきでない」というメッセージを含んでいるとするなら、ラスキンやその周囲の人々は「不完全さを生み出したのは自然ではなく科学だ」と言うだろう。交配の問題点は胴枯れした葉を取り除かねばならないことではなく、フランケンシュタインの怪物のような種が作出されることだった。「哀れなものたち、いじり回されて本来の姿以上に大きくなってしまった。煮こんで熱を与えられたために病的に成長し、悪しき交わりによって斑が現れ、色合いはちぐはぐだ[86]」。さらに、そうした交配種を花壇に植えることは、交配技術の発展を広く宣伝することでもあった。今や自然の創造物は工場製品のように扱われ、「命あるものの集まり」として最後まで丁寧に手入れされる代わりに使い捨ての「単なる色の塊」になり果てたのだ。[87] かつてゼラニウムのピラミッドを読者に勧めたシャーリー・ヒバードでさえ、緋色の花壇は「炭坑の入口で燃える火」のようだと表現し、「野蛮人」の嗜好を非難し始めた。では、このような庭園がいかにして「精神と道徳を鍛錬する場」となり得たのだろう？[88]

もし花壇を見て「不自然だという思い」が湧き起こったとすれば、それは「実際に醜い」のだ。[89] 当時「現代生活のすべてを覆う醜さ」は避けて通れないテーマであり、ゼラニウムはこの行為に加担した極めて狡猾な犯人と見なされた。たとえば、イギリスの詩人ウィリアム・モリスは１８７９年の「最善を目指して」と題した講演で、商業生産されるさまざまな交配種の「過剰なまでの不自然さ」は自然ではなく「人間の発明」によるものだという当時おなじみの批判を展開したが、特に「とんでもなくひどい色」の「スカーレットゼラニウム」については「花ですらここまで醜くなり得る」ことを証明したと散々にけなしている。[90] 作家のオスカー・ワイルドも同じ考えを持っていたようだ。死後の世界について、彼は（フラ・アンジェリコの絵画のような）「金と紫と炎」の天国に行き着くのか、それとも花として生まれ変わるのだろうか、と考えた。そして、もし花になるとしたらラファエル前派のユリではなく、「自分の罪によって赤いゼラニウムになるだろう」と冗談めかしている――ゼラニウムという「魂を持たない」花に。[91]

大量生産や消費が可能になった産業社会は下層階級のためにならない、と社会主義者は批判したが、これが単に下層階級の人々を思っての発言だったかどうかは判断に迷う場合も多い。１８６２

年、王立園芸協会の事務次長アンドリュー・マレーは、1851年の万博後ロンドン郊外のシデナムに移設された水晶宮にジョセフ・パクストンが設計した花壇の「どぎつい派手さ」を非難する手紙を、『ガーデナーズ・クロニクル』紙に匿名で寄稿している。マレーによれば、パクストンの花壇は（多くの種類の蝶を模したものもあった）「人間が本来持っている低俗趣味」に訴えかけるデザインだった。「ひどく派手な色に引き寄せられるのは野蛮人であり、そのような色や装身具を好むのは原始的な野蛮主義の名残である」[92]。どうやら本音が出てしまったようだ。赤はもはや単なる「原始的な」色（つまり原色）ではなく、下層の野蛮な色だった。同じように、「きらびやかな塊」という表現もいつしか批判の意味で使われるようになっていく[93]。

19世紀末には、きらびやかで派手な色は「低俗趣味」だという観念が確立されていた。1884年、イギリスの社会改革者オクタヴィア・ヒルはカール協会という慈善団体の集まりで「貧しい人々が赤を好むのは当然のことです」と語っている。「劣悪な環境で粗末な荒れた家に少しでも住んでみれば、つまりロンドンの貧民街の単調で汚れた色合いに囲まれて暮らしてみれば、カーテンやカーペットや壁紙の色がどんな意味を持つかわかるでしょう[94]」。だが、ヒルが言ったように、「すべての鮮やかな色が幸せと喜びを感じさせる」のであれば、なぜ誰もがそのような色彩を楽しもうとしなかったのか？　それは、洗練された色とはオリーブ色や褐色のような「複雑な」三次色だという観念があったからだ。貧民街では幸せをもたらす色も、場所が変われば「どぎつい」という印象を与えるだけだ。作家トマス・ハーディは『テス』（1891年）のなかで、場違いのゼラニウムという比喩を用いることで真新しいダーバヴィルの屋敷が「普通の意味での荘園」にはほど遠いことを的確に表現した。「何エーカーもの温室」と「鮮やかに繁り、手入れの行き届いた庭」のあるダーバヴィル家は一見美しいが、遠くから見るとその「濃赤色」のレンガは「周囲の落ち着いた色にそぐわないゼラニウムの花を思わせる」。この屋敷を取り囲む森は、もちろんただの森ではなく「今もドルイド教にまつわるヤドリギが古いカシの木に寄生する、原始時代のイングランドの森のわずかな生き残りのひとつ」だ。[95] この場面では「古代とドルイド教のヤドリギ」に対し、「鋳造されたばかりの貨幣と赤いゼラニウム」という絶妙の対比がなされている。もうゼラニウムを「異国の地からの豊かな贈り物」と考える者はいない。[96] アフリカの植物は、「彼らが愛し、精神と栄光を象徴していた地から引き離され、未知の地に植えられた」。きっと、故郷で「野生のまま自由に」育つ方が幸せだっただろう。この当時のイギリスでは「よそ者」を追い出そう、庭園に「わが国の古きよき時代の花」を取り戻そう、という主張が叫ばれていた。[97]

第4章 窓辺のゼラニウム

そして、私が心から愛しく思うのは
埃を被った窓台の鉢に咲く花
弱々しい、繊細な植物

オースティン・ドブソン「都会の花」より（1864年）

花は雄弁な語り手だ。緋色のゼラニウムの花壇が大量生産による均一性の醜さを象徴するようになったまさにその時期、不規則に咲くひと鉢のゼラニウムがこの風潮を勇敢にも食い止めるための武器として選ばれた。ヴィクトリア朝の小説に見られるように家庭は避難所であり、その中心には植物の鉢がある。何の植物をどんな鉢に植えるかでその場面の状況が説明され、ときには物語の展開を促す役割を担うことすらあった。

あらゆる家庭において、「透明に輝く窓のそばにバルサムやゼラニウムの鉢植えが飾られたコテージ」はますます理想化され、「よく手入れされた和やかな」田舎の景色と満ち足りた家族生活の象

『まぶしい日差し』。ラルフ・ヘドリー、1881年、油彩、カンバス。

徴になった。[1]窓辺に咲く緋色の花は猫と一緒に描かれることも多く、その光景はいかにも家庭的で楽しげであり、「清潔さと明るさ」を表している。[2]洗礼式や結婚式後の食事会、また葬儀などで家族がコテージの応接間に集まる様子を描いた風俗画には、必ずと言っていいほど複数の鉢植えがあった。アレクサンダー・ロッシによる『前線からの知らせ』（1899年）にさえ、輝くゼラニウムと頬を赤く染めた女性が描かれている。小説家フローラ・トンプソンの言葉を借りるなら、「よく磨かれた暖炉、お手製の鮮やかな敷物、窓辺のゼラニウムの花を揃えることで、費用をかけずに部屋全体の印象を大きく変える」のは一般的だった。トンプソンが『ラークライズ』［石田英子訳。朔北社］を出版した1939年頃には農村生活に対するバラ色のイメージが完全に浸透しており、著作家ジョージ・スタートは自分がかつてサリー州の村で過ごした日々は「刺繍や窓辺のゼラニウムが織りなす牧歌」ではなかったと伝える必要性を感じたほどだ。[3]美術や文学に登場する素朴なコテージは、ほとんどの場合都会の住人の想像の産物だった。

ヨーロッパでは18世紀に田舎から都市部への移住が始まり、それから100年の間にその傾向は劇的に強まった。イギリスは都市化の先駆けの地であり、その影響について書かれた初期の文献の多くは、1世紀の間に人口が100万人から700万人に膨れ上がったロンドンや、グラスゴー、マンチェスター、リバプールといった工業都市の例に基づくものだ。1850年にはイングランドとウェールズの人口の約54パーセントが町や都市に住み、そのうち14パーセント近くはロンドンに住んでいた。さらに、1900年には都市部に住む人が人口の75パーセント近くを占めるようになる。[4]

『ゼラニウムの鉢』。イースト・サセックスにてジョージ・ウッズ撮影、1890年頃。

『前線からの知らせ』。アレクサンダー・ロッシ作、1899年、油彩、カンバス。

少なくとも19世紀半ばまで、都市の住人の多くは庭園や公園を訪れる機会があまりなかった。それでも、詩人たちの目には「自然の暮らしを諦めきれない、閉じこめられた者たちのたぎるような本能」が見えていたのだ。[5] 与えられる土地に限りのあったヴェネツィアの人はさまざまな工夫を凝らして多くの植物を栽培したことで賞賛されたし、パリっ子たちも機知に富んでいた。革命以前「アマチュア園芸」は違法だったが、おもに自宅が仕事場の愛好家たちは納まり悪げに並んだ鉢を手放そうとせず、政府の検査官が通りかかるとすべて室内に持ちこんで隠したという。作家ルイ＝セバスチャン・メルシエによれば、こうした草花を「追放された果実の女神ポモナと花の女神フローラに捧げたい」という彼らの思いを誰も邪魔することはできなかったのだ。[6]「田舎暮らしと植物栽培への愛着」は同義と見なされ、ロンドンでは「居間の窓辺のガラス瓶に活けたヒヤシンスや、小さな前庭のゼラニウムの鉢」はその都度「もっと良いものへのおぼろげな思い出」を体現する存在だった。[7] 園芸理論家のトーマス・フェアチャイルドは、ガラスの花瓶や鉢を持たない場合でも「何も飾らないより小さな花束でもじゅうぶんだ」と述べている。[8]

フェアチャイルドは1722年の文献ですでに工場の煙や日光不足などの問題を挙げているが、植物栽培が難しくなればなるほど、人々の自然への愛着は強まっていったようだ。1840年代になると、都市の住人が持ち続ける「花への愛着」は、社会改革や衛生改革にまつわる熱心な議論の重要なテーマとなった。貧困労働者に関する1843年の議員内閣委員会では、「農園の貸与」が「犯罪者の更生、身を持ち崩した者の改心につながり、彼らの道徳心と行動全般を変えた驚くべき事例」が報告された。ある評論家は後に、草花の世話は「大都市に住む女性の労働」だという考え

ヴェニスのゼラニウム、2010年撮影。

を捨て、「ロンドンの貧しい最下層の人々が花に示す愛情を目にすることの素晴らしさ」について次のように述べている。

> 彼らは弱々しいゼラニウムや葉枯れしたわい性のバラの木を、園丁が温室の植物に注ぐ以上の熱心さで見守っている。（中略）このように花に対する愛情深い姿は、ロンドンの極貧層の人々が住む環境において最も希望に満ちた光景のひとつである。[9]

改革者の多くは自らにも、また貧しい人々にも信じこませようとしていた――過剰人口、アルコール中毒、社会不安などあらゆる問題は、居間の窓辺に飾られた鉢植えが解決してくれると。ただし、これは貧困を絵画のような綺麗ごとに見せたいとか、「腐敗を花で」覆い隠したいという意味ではない。窓辺の鉢植えは「合理

『ロンドンの呼び声 *Cries of London*』より「鉢植え売り」。1799年、トマス・ローランドソン、多色刷りアクアチント版画。

的な娯楽」のひとつの形として推奨されたのだ。[10]「小さな庭づくりを楽しんでいるような気分を味わう」という、手軽に目で楽しむことのできる趣味から始めるのは、基本的な人格改善の手段としてはたしかに合理的と言えた。また、栽培には手間がかかるということもあり、アロットメント「野菜や草花を栽培するために貸与された土地」は非常に重宝された。サミュエル・ブルームが全米社会科学振興協会で報告したように、園芸には「朝夕の空いた時間がすべて費やされ、一服やる暇もないほどだ。（中略）草花愛好家が何らかの軽犯罪で逮捕されるという事例はほとんどない」[11]。さらに、自分自身の小さな農園を与えられたり貸与されたりすることで、土地家屋に対する愛着と憧れが増すとも考えられた。一方、女性の仕事という見方が日に日に強まる窓辺の鉢植えづくりはそれほど多くの時間を費やすものではなかったが、自宅の窓辺、つまり世間に見せる顔に誇りを持つことで女性も良い習慣が身につくと信じられていた。鉢植えの世話をするうちに「審美眼」が養われ、私生活のあらゆる面で「清潔、規則正しさ、秩序、自尊心」を身につけることができるとされていたのだ。[12]

どんな花でもないよりましだが、なかでもゼラニウムには特別な特徴があった。そのひとつは、昔からよくコテージに飾られていたため「イギリス原産の花」と同様に見なされる栄誉を得たことだ。都会の工業都市でも、極端な話インドの丘陵地帯でも、ゼラニウムを飾ることで「イギリスの田舎らしさ」を感じることができた。また、ゼラニウムが地面から引き抜かれて鉢に植えられる様子は、この植物の持ち主がある場所から狭い共同住宅に押しこまれている現実と重なる。その典型的な例が、１８４０年代のロンドンを舞台にした児童文学『ジェニーとゼラニウム *Jenny and her*

『コヴェントガーデンの花市場』。W・E・ガーデナーの絵をもとにE・マックマンが彫板し、手彩色が施された。

Geranium』だ。物語の冒頭、ヒロインは「腐りかけた古い家のうす暗い玄関」に立ち、「スイカズラで飾られたすてきなコテージ」を夢見ている。ジェニーの「憧れ」は、「背後の窓辺に咲き誇る見事なゼラニウムを見たことで強まり、ジェニーはときおり愛情のこもったまなざしでうっとりとゼラニウムを眺めました」。この場面は、ゼラニウムが「乾燥した砂漠のようなチャロナーの安アパートで」咲いたのなら、ジェニーも同じように花開くことができると示唆している。[13]

　だが、ゼラニウムの仕事はただ枯れずに咲くことだけではない。その特徴的な鮮やかさは、汚れを探すサーチライトのような役割も果たしていた。ハリエット・ボールトウッドの小説『ドットの赤いゼラニウム *Dot's Scarlet Geranium*』（1890年）のヒロインは、「何もかもきれいにしておかなきゃ」と言う。「でなきゃ、ゼラニウムのせいでよけいに部屋が汚く見えてしまう。花の色がきれいすぎるから」[14]。18

『ジェニーとゼラニウム
Jenny and her Geranium, or, The Prize Flower of a London Court』の口絵。
（ロンドン、1841年）。

世紀には暇を持て余す貴族の時間つぶしだったこの植物は、今や福音のように労働者階級の人々の勤勉さに拍車をかけることになった。ドイツのある雑誌記事によれば、「日の出から日没まで、最も低級な仕事に長年従事している」女性が、ゼラニウムを贈られたことで元気を取り戻し、仕事が終わって帰宅後に窓を洗う気力が出たという。というのも、「色鮮やかなゼラニウムによって、窓の汚れがとても目立ったからだ」。ひとつ改善されると、それは波及効果を生む。この女性は工場でも以前より効率的に働くようになり、ついには部屋のなかで最後まで埃を被っていたもの、つまり聖書を手に取った。「神はどのようにしてこの奇跡を起こされたのか？　神がお使いになったのは、田舎から来た少年が彼女に手渡したひと鉢のゼラニウム——ただそれだけだ！」[15]

ゼラニウムが及ぼした恩恵は単に本人の精神面に留まらなかった。『ジェニーとゼラニウム』の終盤では隣人たちもゼラニウムを栽培し始め、「酒びたりの生活から解放される」。ひと鉢のゼラニウムを大切に思う気持ちは家を大切に思う気持ち、そして隣人を大切に思う気持ちへと広がったのだ。作者不詳のこの物語は前述の例とは違う意味をゼラニウムに持たせ、「無秩序がまん延した世界」では「良い行いは周りにも広がるのです」と締めくくられている。[16] 1850年代、影響力のある建築業界雑誌『ビルダー *The Builder*』の編集者ジョージ・ゴドウィンは、新しい建物には窓辺に植木箱を置くための幅広い棚を設けるべきだと主張し始めた。[17]

●福音のゼラニウム

窓辺の園芸を普及させようという多くの慈善活動のうち最も成功したと思われるのが、1860年代に実施された聖ジョージ教区ブルームズベリーの副牧師サミュエル・ハッデン・パークスの取り組みだ。パークスは一部の教区民が草花を「大切に手入れ」する様子を見て、フラワーショーを推奨することで彼らの「潜在的な関心」を「より良い方向に導く」ことができるのではないかと考えた。[18] 実を言えば、この「関心」は潜在的というわけでもない。それまでにも労働者階級のフラワーショーは、1846年設立のストーク・ニューイントン菊花協会や1859年設立のタワー・ハムレッツ花卉園芸協会などに属する栽培家によって定期的に開催されていたのだ。だが、こうしたフラワーショーが協会の会員による会員のためのものであったのに対し、パークスの取り組みは純粋に「労働者階級のためのもの」であり、彼らが「参加者以外の役割を担うことは想定していなかった」[19]。すべての準備や運営は、裕福な地域住民の助けを借りて教会が行うことになっていた。

1860年7月、リトルコラム・ストリートの聖書伝導室で開催された第1回のショーでは94人が植物を出品した。この事業は、「困難な状況下の人々による園芸」の例として、『ジャーナル・オブ・ホーティカルチャー・アンド・コテージ・ガーデナー *Journal of Horticulture and Cottage Gardener*』誌に取り上げられ、記事には、編集者たちは当初ブルームズベリーの労働者階級に限定したフラワーショーを「何かの冗談に違いない。大都市のショーに対する風刺であり、そうした悪ふざけにふさわしい場所としてブルームズベリーが選ばれたのだろう［ブルームズベリー（Bloomsbury）という名は「花を埋める」という意味にとれる］」と思ったと書かれている。[20] だが、もちろん冗談などではなかった。ブルームズベリーのフラワーショーの評判はすぐに広まり、特に数々の生活改善を行っていた福音派の保守派の重鎮シャフツベリー卿が代表となってからは、その名声がさらに高まった。シャフツベリー卿の理想は「富める者と貧しい者の相互義務によって結ばれた、安定した階級社会」であり、公表されたパークス副牧師の数々の文章にも同様の考えが見て取れる。[21]「花への愛着」は「富める者と貧しい者、すべての階級を結びつける絆」だという主張はよく語られたが、だからといって誰もが同じ花を愛でなければならなかったわけではない。例によって、理想は「村の暮らし」であり、年に一度のイベントは「階級」をなくすのではなく相互の「交わり」を持つことを意図していた。「温室で大事に育てられたランの花が、野原で咲く丈夫な草花とともに同じテントの

THE PRIZE GERANIUM. (See p. 12.)

『小さき者たち *Little Folks*』より「賞を取ったゼラニウム」。

下に並べられる。（中略）問題はこうした花のうちどれが周囲のものより美しく優れているかではなく、同じ種のなかでどれが最も優れているかだ[22]」

2年目からは、ブルームズベリーのフラワーショーはゼラニウム、フクシア、一年草の3部門に絞られることになった。「手間をかけた挙句に失敗してがっかりするような草花の栽培を、貧しい人々に奨励する」必要はない、というわけだ[23]。もっとも、このショーの主催者のひとりは、大半の「貧しい人」は出品のために植物を買ったり育てたりしないことを疑問視し、「彼らはたまたま手元にあるものを持ってくる。そしてその植物は十中八九ゼラニウムだ」と述べた。だが、パークスにとって重要だったのは、植物そのものよりも人々がその植物にどれだけ手をかけたかということだ。イーストエンドの草花園芸協会の労働者階級は高い園芸技術を競っていたが、ブルームズベリーのショーは単に「貧しい人々の生活を元気づけ、何かを世話する習慣や分別、計画性を身に着けるための手段」だった。[24]

また、ショーの会場がラッセル・スクエアの個人庭園に移されたことも喜ばしいことだった。『ジャーナル・オブ・ホーティカルチャー・アンド・コテージ・ガーデナー』誌には、「スクエアの住人は、柵で囲まれた木々や草花が傷つけられるのではと心配する必要はない」という記事が掲載されている。「キューガーデンや水晶宮に自由に出入りできるにもかかわらず、これまで労働者階級が草花を傷つけるという暴挙に及んでいないことは我々のみならず施設の管理者も証言するはずだ」。会場をラッセル・スクエアに移したことでこのショーは有名になり、パークスも「貧富を問わず3000人を超える人々が出品した」と喜んだ。

当然ながら、中国や日本からの新しい植物もなく、(中略)「フレイザー」で売られている見事なペラルゴニウムの花々もない。しかしながらもっと驚くべきことがあった。それは、家事使用人が住む地域で、馬屋番の妻や子供たちが雑踏で、貧しいお針子が屋根裏部屋で、クレソン売りの娘が台所で、1階、または2階に住む行商人が、国立学校や貧民学校の子供たちがありとあらゆる場所で、さらには教区労働収容所の病棟の人々が植物を栽培していたことだ。[25]

貧富の差は歴然としてあったが、それぞれにふさわしい花を咲かせてともに楽しむというフラワー

『グラフィック』紙より「窓辺の庭コンテスト」(1884年11月)。

ショーの形態は、1880年に宗教小冊子協会から出版された小説『ゼラニウム――モロッコの女王の物語 *The Story of a Geranium; or, The Queen of Morocco*』の基にもなっている。本のタイトルが示すように、小説に登場するペラルゴニウムは普通の品種ではなく、ジョン・フレイザーが所有するレイトンの一流園芸店「フレイザー」で売られているような、希少で高価な品種だ。ヒロインの少女スーザンは「きれいに手入れされた」コテージに住み、毎晩植物に水をやり、「食卓に花束」を忘れずに飾る。「スーザンが貧しい子供だからといって、神の美しい創造物に関心を持たないと考えるべきではありません」と著者は語る。

ところが、その関心がトラブルを招

くことになる。ある日、買い物に出かけたスーザンは、湿った苔に植えた美しいゼラニウムの挿し木を運ぶ制服姿の使用人に目を留める。彼の手から挿し木が1本こぼれ落ち、スーザンはあわてて返そうとするが使用人は気づかないまま去ってしまった。彼女は仕方なくその挿し木を家に持ち帰る。大事に育てたゼラニウムは元気に育ち、「花びらはまるでベルベットのようです。中心は真っ黒で、縁に向かってどんどん明るくなり、一番端は深紅色。こんなにきれいな花は見たことがない、とスーザンは思いました」。このゼラニウムは授産学校のコンテストで優勝するが、スーザンが栄誉を称えられて誇りに思う、という展開にはならない。審査員はこれを「新しく非常に希少なゼラニウム」である「モロッコの女王」だとすぐに気づき、スーザンが盗んだものを出品したと思って賞を取り消したのだ。やがて汚名はそそがれるが、「モロッコの女王」は元の持ち主であるレディ・ウォルトンに返されることになる。代わりに、スーザンには窓辺に置く「小さな台」と、そこに並べる「きれいな」、つまり普通のゼラニウムが与えられた。すべてがあるべき場所に収まったというわけだ。[26]

「ブルームズベリー・ムーブメント」、あるいは「ブルームズベリー・フローラル・インスティテューション」とも呼ばれたこの慈善活動は次第にロンドン中に広まり、1867年の『ランセット *Lancet*』誌には、ミドルセックス病院の敷地内で入院中の子供たちが栽培した鉢と地元の「極貧層の人々」が自宅の窓辺で栽培した鉢植えを競うコンテストが紹介されている。19世紀末にはエディンバラからニューヨークまで、多くの大都市で「窓辺の園芸」の取り組みが見られるようになった。[27]

王立園芸協会も夏のコンテストとして、「ロンドンの労働者階級が栽培した植物の展示会」を取り

『ゼラニウム —— モロッコの女王の物語 *The Story of a Geranium; or, The Queen of Morocco*』の挿絵。(ロンドン、1880年)。

入れている。出品者にはチケット2枚が配布され、パークスは「サウス・ケンジントンの美しい庭園で一日過ごすのは休暇を過ごすのと同じようなもので、田舎に旅行したような気分になれる」と熱く語った。[28]

◉ゼラニウムによる治療

パークスたちの取り組みは１８６０年代から１８７０年代にかけての衛生改革の流れを利用したものであり、またその勢いを増すことにもなった。この取り組みの大まかな目的は衛生習慣の確立だったが、植物への関心が高まったのはアントン・チェーホフ医師が言ったように「ゼラニウムと石炭酸石けんのにおい」はよく合うという理由だけではない。[29] チェーホフはおそらく香りの高い葉を持つゼラニウムのことを指していたと思われるが、その「健全な香り」は体臭を隠すためにも大いに需要があった。[30] P. capitatum の人気品種である「アッター・オブ・ローズ［「バラ油」の意］」は寝室に置かれることが多く、その葉はポプリや香りのサシェの材料としてよく使われた。種子商のグラント・ソーバーンは、「ある植物から摘み取った緑色の葉が、まったく見かけが異なる別の植物の花の香りによく似ているとは不思議なことだ」と感想を述べている。[31] だが、ゼラニウムの葉の香りが似ていると例えられた植物はバラだけではない。ナツメグ、ジンジャー、ショウノウ、レモン、リンゴ、ペパーミントなど、品種によってさまざまな香りがゼラニウムの葉から発せられると言われていた。

だが、多くの人が目指したのは「汚染された」空気を隠すことではなく根絶することだった。1850年代から1860年代にかけて「病気や感染症は体内に入った微生物によって引き起こされる」とする病原体説が台頭したが、その頃でも換気不足と病気には密接な関係があるとする瘴《しょう》気《き》説は依然として根強かった。パークスと彼の偉大な師とも言える『ビルダー』誌のジョージ・ゴドウィンは、都市部の社会悪の多くはもとを正せば「疫病を引き起こす瘴気」と「きれいな空気の欠如」にあると考えていた。こうした環境下では、まず「疲労感や無気力が生じ、それをどうにかしたいと刺激を求めることによってあらゆる犯罪が生み出される」。そこから「衰弱、長期間の発熱、死、未亡人、孤児、貧困、生活環境の劣化」に至るのはあっという間だ[32]。単純明快な瘴気理論は、「空気がきれいになればすべてが改善される」という単純明快な解決策を導き出した。

ヴィクトリア朝中期のジャーナリストたちが抱いた都会の植物の一般的なイメージは、都市部の病的な「かび臭い袋小路や路地」という悪条件のもと「苛酷な生活」を送る人々に栽培されているという図だ。特にゼラニウムは有毒ガスの発生を確認するために炭鉱に持ちこまれたカナリアのような位置づけで、うまく育たない場合にはその地域に導入されたガス事業など特定の問題と関連づけられることもあった。1864年の『イラストレイテッド・ロンドン・ニュース *Illustrated London News*』紙は「どんな改善策を施そうと汚染された地域には手遅れだ」と書いている。「その地域から少なくとも直径1／4マイル以内には新しい道も、改良住宅も、庭さえもつくることはできず、窓辺のゼラニウムさえもまともに育たない[33]」。だが、多くの場合、一般の人々にとっても植物に詳しい識者にとっても、問題は過密で煤にまみれた都市そのものだった。1855年、シャーリー・ヒバードは、「毎年春や夏になると、多くの美しい植物がロンドン周辺の園芸店から運び出される。そしてロンドンの街で売られて空気の代わりに煤を吸いこみ、文字通り窒息死していくのだ」と嘆いた。[34]

窒息死を免れた植物は種々の病気の診断に用いられるようになった。キリスト教社会主義者のチャールズ・キングズレーは、次のような意見を述べている。

元気のないゼラニウムが青白い葉を地下室の窓ガラスに広げ、細い路地に射しこむひと筋の日光をまるで懇願するかのように見上げている。もしこの植物が口を利けたなら、どうして小さなベッシーがしょう紅熱にかかったのか、ジョニー坊やの咳が止まらないのはなぜか、自分を撫でて水をくれる子供たちがなぜ次々と教会の墓所に眠ることになるのか、この町のどの医者よりも正確に説明できるに違いない。[35]

葉が完全に「白く」ならないうちは、ゼラニウムにもまだ回復の見込みがあると見なされていた。植物の呼吸は「美しく賢明な補償法則」に従って大気を「平均的な構成比率」に調整するとパークスは主張している。[36]当時の社会が競争的、機械的な風潮のなかで動いていたのに対し、自然の法則は協調によって確立されると考えられていた。ジョン・ラスキンの1860年の言葉を借りるなら「助け合いの法則」だ。「植物の複数の部位が助け合おうとする力を生命と呼ぶ[37]」。9年後、キングズレーは「ふたつの呼吸」と題する講演で、人と植物の間に存在する「相互依存と相互扶助」について詳しく説明した。

緑の葉の繊細な表面は炭酸を吸収して元素に分解し、炭素を保持して木質繊維を作ります。そして酸素をつくり出して新鮮な空気に放出し、人間はそれを吸いこむのです。人間と植物は必要なものを与え合い、生命の源である偉大な太陽は人間にも植物にも栄養を注ぎます。病気の子供の窓辺に咲くゼラニウムは、その美しさと瑞々しさで目と心を楽しませるだけでなく、その栽培に費やした労力に素直に報いてくれるでしょう。そして子供が必要としない呼吸を吸収し、必要とする呼吸を与えるのです。[38]

ゼラニウムは悪い空気をきれいな空気と交換する小さな装置のような存在であり、多くの改革主義者は瘴気説を捨てた後も都市生活にはきれいな空気が必要だと信じ続けていた。実際、「都市の肺」にまつわる議論は、公園のような大きな緑地がある場合ですらそれほど意味をなさない。100年後、アメリカ人ジャーナリストのジェーン・ジェイコブズは「4人分の呼吸、調理、暖房設備によって排出されるのと同じ量の二酸化炭素を吸収するには、約3エーカーの森が必要になる」と指摘した。「都市を窒息から守っているのは公園ではなく、私たちの周囲を循環する大量の空気だ」[39]

キングズレーの小説『ウミウシ *Glaucus*』で、ベッシーはしょう紅熱、ジョニーは百日咳をゼラニウムの世話によって治そうとするが、「神によって与えられた新鮮な空気や清らかな水、森や草原からの心地よい息吹が与えてくれるはずの生命力をジンによって体内に入れようとする」両親の

当時人気だった雑誌の挿絵より「病気の子供を抱く母親とゼラニウム」、1899年。

悪影響に対抗するには、この善良な子供たちとゼラニウムはあまりにも無力だった。

小さなゼラニウムは人間の無知が生んだ過ちを正そうと天から遣わされた天使のごとく最善を尽くし、日々毒された大気を吸いこんではきれいな緑の葉を茂らせ、子供たちがかがむたびにその顔の毛穴から生命の源である酸素を吸いこませ、ふたりの濁った血と膿んだ肺に届けようとしましたが、すべては無駄なことでした。[40]

◉ゼラニウムの教え

何千ものゼラニウムが汚れを際立た

せて空気をきれいにするために最善を尽くし、さらに、「世話不足のときもあれば、やりすぎてしまうときもある／技術がないせいで枯れてしまう」という不当な扱いを受けながらも、多くの人間を改心させてきた。たとえばだらしない主婦、酔っ払い、守銭奴、そして不注意だが本質的には善良な子供たち（割合としては一番多かった）[41]。ゼラニウムは怠惰、自慢、嘘、不正行為を警告し、愛情深さや自己犠牲を奨励する存在だ。教訓的な物語の多くにはゼラニウムを手荒に扱う人物が登場し、ゼラニウムの茎、葉、芽は彼らを「こぞって非難しているかのようだった」。もっとも、ときにはゼラニウムのほうが問題を起こすこともある[42]。特に、ある物語に登場する「自分を植えた鉢が気に入らず」、「大きくなってやらない」と決めた不機嫌な「細い挿し木」は「小さな棒」に縛られ、まっすぐに伸びて「不機嫌」でなくなるまで「真っ暗な」クローゼットに閉じこめられる[43]。

割れやすい素焼きの鉢が重要な役割を担うこともあった。ジェニー・チャペルの「賞をとったゼラニウム The Prize Geranium」は、日曜学校の品評会に出されたふたつの鉢植えをめぐって起こる騒動を描いた物語だ。ロティの鉢が割れたため、彼女はいとこのケイトの鉢植えを出品して賞を獲得する。だが、「このとき、どうしてロティの胸に誇りと喜びが湧き上がらなかったのでしょう？」。特に、天使のようなケイトが突然「重い病気」になったと知ったロティは、賞をとったことで「とてもやましい気持ちに」なる。結局彼女は真実を告げ、ケイトも元気になって本来もらうはずだった賞を受け取り、「罪を後悔しているいとこを慰めた」。メアリー・ラッセル・デイの小説『ジョン・マリオットの偶像：緋色のゼラニウム *John Marriot's Idol; or, The Scarlet Geranium*』（1888年）では、さらに深刻な罪が露呈される。これは年老いた守銭奴が「常にそばに置いている」ひと鉢のゼラニウムの物語だ。[44] 物語が進むにつれ、問題はジョンが美しいゼラニウムを偶像化していることではなく、その鉢に盗んだ金を隠していることだとわかる。テラコッタ鉢が割れたとき、すべては白日の下にさらされた。ゼラニウムには罪はない。不本意にも悪用されただけだ。

割れた鉢が登場する寓話のなかでも特に多面的な要素を持つのは、エドワード・ブルワー＝リットンの小説『カクストン一族 *The Caxtons*』（1849年）の第4章だろう。この寓話は少なくとも1920年代までは、「割れた植木鉢」というタイトルで訓話として雑誌に掲載されたり『子供のための倫理 *Ethics for Children*』などのアンソロジーに収録されたりして何度も再版された。[45] 物語はゼラニウムにまつわるいたずらから始まる。システィことペイシストラトスという少年が、悪ふざけをして植木鉢を窓から落としてしまった。母親がその植物を「大事に育てていた」ことも鉢を「大切に」していたことも、頭をよぎらなかったのだ。とんでもないいたずらっ子だが、やがて彼は罪を償うことになる。まず、植木鉢を落としたのは偶然ではなく「面白半分に」、そして父親がどんな顔をするか見たかったからだと白状した。システィの告白を聞いた父親はたしかに表情が変わり（ある意味賞賛の色が浮かんでいた）、「一年中咲いている真実という花は貧相なゼラニウムよりも美しく、壊れない言葉は陶器のかけらよりすばらしい」という格言を口にする。もっとも、これは最初の教訓に過ぎない。ある日、父親はシスティが象牙のドミノセットで遊んでいるのを見て、「もしもママが『遊び半分』で窓からその箱を投げ捨てたらどう思うかね」と尋ねた。

僕はすがるように父を見ましたが、言葉は出ませんでした。

『ゼラニウムとスイートピーの花の子供たち』。レベッカ・コールマン、グワッシュ絵具および水彩、紙。

「花言葉：ゼラニウム」。アルベール・ベルジェレ撮影の絵葉書。1900年頃。

「きっと、とても嬉しく思うだろうね」と父は言葉を続けます。「もし、突然おまえの本に出てくるいい妖精が、ドミノの箱を美しいゼラニウムに変えて立派な青と白の植木鉢に植えてくれたら、そしておまえがそれをママの部屋の窓辺に置くことができたとしたら?」

「うん、僕、嬉しいよ!」僕はほとんど泣きそうです。

「いい子だ、パパはお前を信じるよ。だが、どんなにいいことを願っても悪い行いを正すことはできない。いい行いだけが、悪い行いを正すことができるんだ」

そう言って父はドアを閉め、出て行きました。父の言葉の意味がわからず、僕はとまどいました。ただ、その日はもうドミノ遊びの続きをする気になれなかったことはたしかです。


翌日父親がシスティを街に誘い、彼のドミノを「見せたい人がいるから」持っていくようにと言ったことですべては明らかになる。途中、偶然にもふたりは植物園と陶磁器の倉庫の前を通りかかった。父親が値段を尋ねると八重咲きの立派なゼラニウムで7シリング6ペンス――だが父親はお金が足りないと答える。次にふたりは「高級な文房具店」に立ち寄り、父親が何気なくドミノの値段を聞いた。答えは18シリング。父親はシスティを店に残して外に出る。この後の展開はきっと予想できるだろう。システィはドミノを売り、そのお金でゼラニウムと鉢を買い、母親は喜びながらも「かわいそうなシスティのドミノセット」を買い戻そうと提案する。その日の最後の試練として父親は「そうしたいかい?」と問いかけるが、システィはもうしっかりと教訓を学んでいた。重要なのは正直であること、経済の基本、「自己犠牲の神聖さと幸福」、そして何よりも「僕が父を愛し、父が僕を愛していることを知った」ことだったのだ。[46]

ゼラニウムはこうして少年に大人になることの意味を教える場合もあったが、頻度で言えば少女に同じ教訓を与えることのほうが多かった。ジョージ・エリオットの小説『ミドルマーチ』に登場するジェイムズ・チェッタム卿がドロシアよりも妹のシーリアに関心を抱くのは「シーリアがゼラニウムを好き」だったからだと言われている。[47] では、それはなぜだろうか？ たしかに、アメリカ人作家ハリエット・ビーチャー・ストウが主張したように女性は「土をこね、朝の空気を吸う」ことで「はつらつとした美しい頬と輝く目、陽気な気質、活発さ、純粋な心」など、身体的および道徳的な「美点」を得ることは事実だった。[48] だが、シーリアとゼラニウムの関わりはそれだけではなく、彼女の「より従順な」性質、つまり、自分の時間を書物や社会改革ではなく、花にまつわるさまざまな作品をつくることに使いたいという気持ちを表している。そして、その作品の種類はメアリー・ディレイニーの時代以来、質はともかくとして量はかなり増えていた。

ゼラニウム愛好家のなかにはブランマンジェを「緑の葉と緋色の花の輪」で囲みたいと思ったり、かぎ針編みや棒針編みで作った「汚れても洗える」花をドレスに飾ったりする女性もいたし、そこまで手の込んだことはしなくても、手紙の内容に合う最新の花言葉を持つ押し葉を1、2枚便せんに貼る女性もいた。[49] イギリスの作家リー・ハントの言葉にあるように、「手紙の押し葉にどんな植物を選ぶか」については、「押し葉のきれいな状態を保つのと同様に、その植物の花言葉が場違いなものでないよう」十分な配慮が必要だった。[50] ローズゼラニウムは通常「好み」、ナツメグ・ゼラニウムは「期待された出会い」、レモン・ゼラニウムは「予期せぬ出会い」を意味する。ペンシルド・

ローズゼラニウムの花言葉「好み（Preference）」の文字が書きこまれた絵葉書。1905年。

アイビーゼラニウムの花言葉「婚礼の記念品（Bridal Favours）」の文字が書きこまれた絵葉書。1905年。

ゼラニウムは「創意工夫」、銀葉ゼラニウムは「思い出させるもの」、ペラルゴニウム・トリステは「一目瞭然」、アイビーゼラニウムは「婚礼の記念品」または「次のカドリールを踊って」だった。[51] センスのある女性なら、ゼラニウムの押し葉を貼った手紙のやり取りによって「絶え間ない恍惚感」をじゅうぶん味わうことができたはずだ。[52]

もっとも、ゼラニウム好きの女性と聞いて男性が抱く一般的なイメージは、彼女がいい母親になるだろうというものだった。ヴィクトリア朝の小説や絵画は一貫して、屋敷やアパートの部屋を居心地の良い家庭にする家事能力が高く母性的な女性像を鉢植えの「手入れ」と結びつけている。本書の第3章でディケンズの『デイヴィッド・コパフィールド』のペゴッティの例を挙げたが、ディケンズがさらに深い思い入れを抱いていたのは『ピクウィック・クラブ』に出てくる「干からびた哀れな挿し木」の世話に励む債務者刑務所の囚人や、失恋に直面しながらも「毎朝欠かすことなく緑の籠に水やりをし、手入れが不十分だったために枯らしてしまったのはゼラニウムの挿し木一本だけ」だった『ドンビー父子』の勇敢なトックス嬢だ。[53]

「まるで子供を育てるように、熱心で注意深く、配慮を怠らない思慮深い目」を必要とするゼラニウムは、さまざまな理由から孤独な生活を送っている女性の完璧な伴侶と考えられていた。[54] 1843年のトーマス・フッドの詩「シャツの歌」が高く評価されて以降は、屋根裏部屋に住む孤独なお針子が「プリムラやサクラソウの甘い香り」に憧れながら実際にはひょろりとしたゼラニウムで我慢するというイメージが人気のテーマとなる。[55] ほとんどのお針子は集団で仕事をしていたので厳密に言えばこのイメージは正確ではないが、ヴィクトリア朝の文化において病弱な少女と弱々しい植物という組み合わせは説得力を持っていたのだ。『マンスフィールド・パーク』では、ヒロインのファニー・プライスも彼女が大切にしていたゼラニウムも花開いたが、ヴィクトリア朝の工業都市では女性とその植物は苦難の日々を送ることになる。

女性家庭教師、病人、孤児、未亡人、恋に傷ついた者はみな「ペットのゼラニウム」（『若草物語』のエイミーは大事にしているゼラニウムをそう呼んでいた）に安らぎを求めた。[56]「ペット」という言葉は言い得て妙だ。この植物を友人や姉妹のように思う場合もあるだろうが（『ジェニーとゼラニウム』の母を失った主人公はゼラニウムに「自分の考えや思い」を打ち明け、ゼラニウムは「独自の雄弁な言葉」でそれに応えた）、常に世話が必要なゼラニウムはむしろこの植物と相性がいい動物、つまり猫のようなものだ。[57] 別の物語に出てくるレイチェルという少女は「ゼラニウムは人形よりも大切」だと考え、その理由を「放っておかれたら枯れ、大切にされれば花開く」からだと説明する。また、パークス副牧師はゼラニウムの鉢を贈ったある未亡人からの感謝の言葉を記録に残した。「生きている間にまた何かを慈しむ気持ちになれるとは考えもしませんでした。本当に、まるでこの植物は口を利けるのではと思うほどで、今では心から大切に思っています[58]」

「無生物をこれほど熱烈に愛し、我が子のように優しく大切に世話することができるものだろうか？」。1840年に出版されたA・F・フェルトマンの物語のなかで、あるロシアの知識人がそう問いかける。これは「ロシア文学における最初の鉄道旅行を描いた」作品と考えられている小説だ。[59] サンクトペテルブルクに向かう汽車のなかで、アレクサンドル・フョードロヴィチは「大きな植木鉢」のそばから離れようとしない農家の娘ミノドラ・パムフィロヴナを観察している。彼は娘と植木鉢

『本を読む女（家庭教師）』。アリス・スクワイア、1861年、水彩。

の「不思議な縁」について尋ね、そのゼラニウムは娘がかつて愛した男から贈られたものだと知る。やがて、その恋人がフォードロヴィチのライバルで軽蔑すべき男であることが判明すると、ミノドラは迷うことなく鉢を捨てるのだった。[60]

女性と鉢植えのゼラニウムの関係はときには何年も続き（だからミノドラの鉢は大きかった）、そのつながりが世代を超えることもある（『ジェニーとゼラニウム』には彼女のものだけでなく、その「祖母」にあたる古いゼラニウムも登場する）[61]。一方、その年の花期にだけ出会う花壇植物は「古いも新しいも関係ない」、非常に対照的な存在だ。フォーブス・ワトソンは「緋色のゼラニウムを見てごらん」と書いている。「温室でときどき見かける、木のような茎が毎年伸びるあの植物を。きれいに整っているとは言い難いが、見ているうちに愛着が湧くだろう」[62]。さらに、シャーロット・S・M・バーンズの哀歌の冒頭の熱い言葉が物語るように、ゼラニウムによって愛だけでなく悲嘆を味わう者もいる。

乾き、樹液を失い、朽ちて、汝は横たわる。
もうその芽が私の目に触れることはなく
香りがあたりに満ちることもない。
なぜ死んでしまったのだろう？　どんなに心を配って
救おうとしたことか　昼夜を問わず
朽ち果てるのを防ごうとしたのに
すべては無駄だった。汝の花は消え去り
汝の葉は落ち、汝は死んだ[63]！

ゼラニウムに寄せる哀歌とは珍しいが、ヴィクトリア朝の作家はしばしば植物やその鉢がいったん失われ、やがて取り戻されるというドラマを描くことで植物への愛着心を表現した。『デイヴィッド・コパフィールド』では、トラドル一家がデイヴィッドの植木鉢と台（彼が「家を整える」ようになったきっかけであり、「平凡で使いやすく」ない唯一のもの）をなくした後ペゴッティがトッテナム・コート・ロードに急ぎ、質屋から無事に取り戻す[64]。また、ジェニーのゼラニウムは父親が酒と交換するために持ちこんだパブから「危ういところで」救出される。

とは言え、すべてのゼラニウムが無事に戻ってきたわけではない。１８４８年にエリザベス・ギャスケルが出版した『メアリー・バートン：マンチェスター物語』の第2章では、バートン家の暖かく居心地のよい、「まるで家具だらけといった具合の（工場の景気がよかった時代を如実に表している）」応接間の広い窓辺に元気なゼラニウムの挿し木が2本植えられている。羨望のまなざしを避けるかのようにバートン夫人はカーテンを閉め、「剪定されずに葉が茂った」ゼラニウムは「屋外の詮索者をさらに遮る」役目を果たした。これはコテージを描いた絵画ではおなじみの、家族や友人が集まる陽気な光景であり、小説の軸となる場面だ。その前にはグリーン・ヘイズ・フィールドで過ごした至福の一日が描かれている。この場所は家から歩いて30分ほどだが、「まったくの田舎で別世界だった。特に、ギャスケルは「奔放で野性味あふれる」農家の庭について詳しく描写している。「バラ、ラベンダー、セージ、バーム（中略）ローズマリー、ナデシコ、アラセイトウ、タマネギ、ジャスミン」はこの農家が「家の近くの農家とは違う時代のものであり、住む人々も違う仕事をしていることを物語っている」。マンチェスターからたった2マイルしか離れていないのに、ここは消えゆく場所であり、その花々も消えて伝説になろうとしている――「サクラソウがよく咲く場所があるという話を聞いたことがある」。田舎の庭で「ひどく無秩序に混生している植物」に比べると、バートン夫人の剪定されていないゼラニウムは印象が薄く、みるみる間に物語の舞台が都会のスラム街に移っていく状況を「阻止する」ことは難しい。第3章の終わりにバートン夫人が亡くなり、スキャンダルや貧困、さらなる死が徐々に一家を襲い始め、夫人が築いた家庭の安息所は少しずつ壊されていく。第9章に、マンチェスターには「花がない」という言葉が出てくる。ギャスケルにとってイギリスの田園風景に戻ることは不可能であり、工業都市にその価値を見出す場所はない。彼女が想像し得る唯一の希望的解決策は移住することだ。小説はバートン夫人の娘メアリーが周囲に庭のあるコテージに住み、「そのはるか先には（中略）果樹園がある」という描写で幕を閉じる。[65] メアリーはカナダに移住したのだ。

◉セックスと死と緋色のゼラニウム

これまで見てきたように、19世紀の間に大半のゼラニウムは家の中の天使になったが、なかにはヴィクトリア朝以前の性的なイメージで用いられる場合もあった。ここでも問題となったのはその色だ。「緋色のゼラニウム」の花言葉にはさまざまな意味が込められている。シャルロット・ラトゥールのとても有名な『花言葉 *Le Langage des Fleurs*』（１８１９年）では、ド・スタール夫人がこの花を退屈なスイス人将校に例えて「目を楽しませるが、軽く触っただけでも不快なにおいを放つ」と言い、「愚かさ（sottise）」という言葉を最初の花言葉として定着させた。[66] 後に英語版が出版されると、sottise は「stupidity」または「folly」と訳された（このふたつは同じ意味ではない）［stupidity には「知性のなさ」、folly には「愚かな振る舞い」というニュアンスが含まれる］。後の花言葉研究家は世論に同調してこの植物を再評価し「慰め」という花言葉を与えたが、初期のイメージの名残はまだ残っていた。[67] たとえば、ロバート・ブラウニングの詩のなかのゼラニウムは常に一種の危険を示唆している。詩劇『ピッパが通る』［松浦美智子訳。クォリティ出版］では、オティマが愛人に手探りで窓辺に行くように言う。そこでは「血のように赤い」朝の光の中で「背の高い／むき出しのゼラニウムが散らばっている」。また、同じく彼の『エヴリン・ホープ *Evelyn Hope*』では、語り手が「彼の名前など知らないに等しい」16歳の少女の死に悲しみ、自分は「ゼラニウムのような赤い」唇を持つ少女の「3倍も年上」だと告白する。[68]
　トマス・ハーディの『はるか群衆をはなれて』（１８７４年）〔清水伊津代／風間末起子／松井豊次訳。大阪教育図書〕のヒロイン、バスシェバ・エヴァディーンを取り囲むのは時を経て以前よりはイメージが改善された、輝くようなゼラニウムだ。物語の序盤、読者とガブリエル・オーク〔近所に住む羊飼い〕は馬が引く荷車に座ったバスシェバに初めて出会う。

> 彼女の周囲にはひっくり返したテーブルと椅子、背後にカシの木でできたベンチがある。前にはゼラニウム、ギンバイカ、サボテンの鉢、そしてカナリアが入った鳥かごも積んであった。前の家の窓辺にあったものをぜんぶ持ってきたに違いない。柳の籠には猫が入っていた。少し空いた蓋から半開きの目をのぞかせ、周りの小鳥たちを愛おしげに眺めている。

　荷車に積まれた居間の家具の描写からは、その家具が揃ったコテージの部屋が想像できる。そして、「この場面全体の情景」は「新鮮な緑の」葉に縁どられ、「緋色の輝き」を放つ太陽の光に照らされ、「木々にまだ葉がついていない季節」にもかかわらず「奇妙な、春特有の魅力」を放っている。そして、深紅の上着を着たバスシェバは自分がこの絵のような情景の中心にいることをよくわかっているのだ。[69] この場面は複雑な「視覚効果を用いたドラマ」と言える――鏡の中の自分の顔が赤いことに気づいてさらに顔を赤らめるバスシェバ、半開きの目で鳥を眺める猫、その光景を見つめているガブリエル・オーク。物語全体を通して恋愛のもつれは「相反し、競い合う」印象を与えるよう組み立てられ、展開する。[70] そしてどの場面においても、バスシェバが放つ輝きは親しみやすい色気を醸し出している。

1856年にフローベールが発表した小説のヒロイン、エマ・ボヴァリーはバスシェバとはまったくタイプの違うヒロインだ。結婚して間もないある日、夫のシャルルは窓辺に寄りかかって「ゼラニウムの2つの鉢の間」に立つエマを見ている。100年後にスペインの詩人ローリー・リーが謳ったように、シャルルは「ゼラニウムが飾られた窓から愛が差しこんでくるような朝」だと感じ、彼女に魅了されたことだろう。だが、『ボヴァリー夫人』はリーの『ロージーとリンゴ酒 *Cider With Rosie*』とは違う展開を迎える。シャルルはエマを今の生活に満足している美しい妻という枠にはめているが、読者はエマがこの枠から脱け出したいと切望している気配をひしひしと感じるのだ。物語の序盤で早くもエマがコテージのゼラニウムよりも好みがうるさいことがわかり、彼女の考えるロマンスには理想の恋人の服装、髭、住み処など多くの条件があることが描写されている。「熱帯の植物のように、愛には正しい土壌と特別な温度が必要ではなかったのか」[71]。シャルルも彼のゼラニウムも、エマにとってはあか抜けない退屈な存在だ。

一方、ドストエフスキーの小説の登場人物たちにとってゼラニウムの問題点は退屈ではなく、春に大掃除をした後よりも周囲を明るく照らすことだ。『罪と罰』（1866年）のラスコーリニコフは後に殺害することになる老婆のアパートを訪ね、「部屋のどこにも埃ひとつない」ことと、「ゼラニウムとモスリンのカーテンで飾られた窓」から差しこむ太陽が「まぶしいほど明るい」ことに気づく。[72] アンドレ・ブルトンは後に、ドストエフスキーがこうした「陳腐な決まり文句」や「在庫カタログ」から見つけた「絵葉書」のような描写をしたことを非難した。[73] だが、このカタログこそが重要なのだ。うんざりするような決まり文句は、まさに彼の虚無的な登場人物たちを動かす原動力になっている。同じくドフトエフスキーの『悪霊』（1871〜1872年）では、「かのサド侯爵ですら教えを乞いたがる」人物スタヴローギンが、アパートの窓辺で裁縫をしていた少女を見かけて暴行を働いたと告白する。[74] そして、「窓辺にはたくさんのゼラニウムがあり、太陽はとても明るく輝いていた」と振り返るのだ。3日後、「絶望」に打ちひしがれた少女はアパートを出て、物置で首を吊る。スタヴローギンは何が起ころうとしているか知っていながら彼女を止めようとはせず、ゼラニウムの葉の上にいる小さな赤い蜘蛛に目を奪われる。それ以来、このイメージは彼の苦悩の種となり、花や太陽の夢、幸福を連想させるものすべてを汚すようになった。[75] ゼラニウムが彼の精神を侵してしまったのだ。

第5章　ゼラニウムの影、そして輝かしい光

19世紀末にはありとあらゆるゼラニウムの活用法が確立されていた。この最終章では、花壇方式から定番の鉢植え、植物療法、そしてもちろん花の赤色に対するさまざまな考察など、20世紀から21世紀にかけてのゼラニウムの変遷を多角的に振り返ってみたい。

●ゼラニウムの困ったところ

ゼラニウムに　ヤネバンダイソウ、長方形の寝床に咲いている。
その周囲には手入れされた芝生と、嫌な染みのように広がる
刈られたばかりの雑草。雑草は夜毎に生え続ける
いくら毎日せっせと刈っても

ジョン・グレイ（1893年）

ゼラニウムの鉢植えが好きだった。ごみ箱は好みじゃない。いや、よく考えればごみ箱も悪くはない。ある意味、ゼラニウムよりもごみ箱のほうがましだったかもしれない。まだ想像の余地があるように思えたからだ。

マイケル・フレイン（1977年）[1]

第3章の終わりで、1870年代に始まった花壇植物への反発が第一次世界大戦まで、そしてそれ以降も定期的に再燃した――ゼラニウムが花壇から完全に消えることはなかったためだ――風潮について触れたが、その間ずっとガーデニングという「美意識の高いビジネス」は階級的な側面を強く反映してきた。一般的に、庭に植えたゼラニウムは「応接間の壁に飾られた派手な額縁のように、下品で浅はかだと見なされ」ていたのだ。その基になったのは「ヒエンソウやジギタリスと一緒にゼラニウムを植えるのは、中産階級の園芸好きくらいのものだ」という考えだった[2]［ヒエンソウやジギタリスには強い毒性がある］。ときには、中産階級の風刺作家はゼラニウムを引き合いに出せば陳腐さや偽物、「頑固さ」を表現できると考えているのだろうと思わされることもあった。あのヘンリー・ジェイムズでさえ、この手軽な手法を用いている。『ポイントンの蒐集品』（1897年）のゲレス夫人は、「白く塗られた台に醜いゼラニウムを植えた鉄製の鉢を置き、砂利道の端に並べてできるだけテラス風にする」ことほど野暮なものはないと考えていた[3]。

　こうした面々にとってゼラニウムを花壇に植えるのは軽率だし、テラスの台の上に置くと外観を損ねるかもしれないが、さらに悪いのは窓辺に飾ることだった。前章の例が示すように、ゼラニウ

ヘンリー・ホーア著『花のある庭づくり　*Spade Work: Or, How to Start a Flower Garden*』の表紙（1902年）。

ムの鉢は植物というより家具に近い存在と見なされることも多かった。そして、ヴィクトリア朝の家具だらけの客間ほど現代人を苛つかせるものはない。ウィラ・キャザーは、雑然とした居間を19世紀の小説の細密で写実的な描写と結びつけるエッセイのなかで、「家具をすべて窓から放り出すことができたらどれほどすっきりするだろう」と書いている。[4] そう、更紗も、マットも、ソファカバーも、そしてハランやゼラニウムの陶器の鉢植えも、すべて捨てなければならない。流線型のモダンなアパートに必要なのは「大ぶりで一年中楽しむことができ」、手間もかからないサボテンやゴムノキだった。[5]

窓辺の鉢植えに固執するのは、自分の想像力の欠如を露呈しているようなものとされた。H・M・トムリンソンが1919年に書いた「念願」という短編には、「番地と、モスリンのカーテンのかかった居間の窓から垣間見える装飾品」以外はまったく同じ灰色の家が並ぶミルウォールの通りが出てくる。「ジョーンズ家の窓辺にはゼラニウムの鉢植えがあり、隣家の窓辺には石膏の船の模型が、反対側の隣家には色あせた額縁入りの写真が飾られていた」。[6] こうした装飾品は、それぞれの家の特徴を示しているようでいて実はある同一性の証明でもある。1914年の『スクリブナーズ *Scribner's*』誌の書評の言葉を借りるなら、どの家の装飾品も他人にとってはその住人が「面白み」と「個性」に欠けることの証しなのだ。だが、そうした品も自分の所持品となれば話は別で、ときには若者を暴力に駆り立てることにもなる。[7] ロナルド・リッチングの短編「血の家」(1920年)の登場人物ガーフィールド・ラヴェルは伝統と「血の通わない」礼儀作法に嫌悪感を抱き、実家の窓辺で「いつも咲いている」血のように赤いゼラニウムが気になって仕方がない。「刈りこまれ、

『バーミンガム、アストンホール』。エリザベス・M・チェトル、1906年、水彩。

棒のように咲きそろった花を見ると無性に腹が立つ」と彼はつぶやく。「実に不自然だ。ああ、ゼラニウムよ、おまえはなぜ風に吹かれて揺れることもしない? どうして何もせずにじっとしているのだ[8]?」。風に吹かれて揺れるだけではガーフィールドには「物足りない」。「何か行動を起こさなければ」と思った彼は、おばに向かってリボルバーを振り回した挙句に自分の胸を撃ってしまう。

窓辺から庭園の話に戻ろう。第一次世界大戦の影響によって、多年草と低木を取り交ぜたボーダー花壇の流行は勢いを増した。その背景には労働力不足という問題もある――レディの称号を持つ庭園デザイナーのアリス・マルティノは、「戦争が始まると、雑草取りや草刈りをする女性がひとりいれば園丁がいなくても困らないように手配しました」と書いている。さらに、野菜ではなく花を栽培するために温室を稼働させるコストとその現実味も問題のひとつだった。[9] 1917年、ドイツのUボート艦隊に封鎖されたイギリスでは食糧の自給運動が起こり、ジョージ5世はその支援を表明するためバッキンガム宮殿のヴィクトリア女王記念碑を囲むゼラニウムを掘り起こし、キャベツとジャガイモに植え替えるよう指示している。[10]
この出来事は長い間人々の心に強く残り、ロンドン市民の日常に影を落とす戦争後遺症を描いたヴァージニア・ウルフの小説『ダロウェイ夫人』(1925年)にも反映されている。この小説の脇役のひとり、不動産周旋業のシブリーズ&アロースミスの支配人ブルーワー氏にとって、戦争がもたらした大きな影響とは「料理人の神経がおかしくなった」ことと、「ゼラニウムの花壇に穴が開いた」ことのふたつだけだ。後者は「ワックスで固めた口髭」を生やし、ロンドン郊外のマスウェルヒルに住むブルーワー氏の自己満足の田舎趣味を皮肉るだけでなく、その強引さと浅はかな辛らつさを物語っている点で印象深い。ブルーワー氏はゼラニウムを栽培しようと考えたのと同じ短慮さで、事務員のセプティマス・ウォーレン・スミスに愛国者としての義務を果たすように促す。だが1923年、戦争後遺症を負ったセプティマスはリージェント・パークの「上品な花々」の間を当てもなくさまよっていた。小説のクライマックスは、彼が部屋の窓から身を投げ、鉄柵に突き刺さるという悲惨な死だ。戦前のロンドンはゼラニウムで満ち、「スミスという名の若者」でも満ちていた。ウルフはこの場面で、温室を管理する働き手の世代にも穴が開いたことを示唆している。そして、さらに悪いことに、愛国心という自己満足と下層中産階級の愚かさは決して変わることはない。小説には、バッキンガム宮殿の外で王室の車を一目見ようと待ち構える「貧しい人々」の群れが描かれている。「彼らは待っていた。国旗が翻る宮殿を眺め、台座の上にドレスの裾を大きく

He can't grow much hair,
but he can grow
geraniums.

「髪は伸びずともゼラニウムはぐんぐん伸びる」。絵葉書、1910年。

広げたヴィクトリア女王像を見上げ、噴水棚やゼラニウムの花壇に感嘆した」[11]。1922年、グレーター・ロンドン盲人基金は第一回「ゼラニウムの日」コレクションを開催した。「慰めの象徴」としてゼラニウムが選ばれたのだ[12]。

この例からもわかるように、愛国心、帝国、階級に対する昔ながらの考えを手放すのが難しいのと同様、ゼラニウムを生活から完全に排除することもまた難しい。急進的な1930年代に入ると、与えられるもので満足する風潮に対する苛立ちや攻撃が強まっていった。詩人のルイ・マクニースは「バグパイプの音楽」（1937年）という詩のなかで、「タクシーの中でいちゃつく相手」、「映画館」、「手持無沙汰なときのタバコ1箱」、そしてもちろん、「ピンクのゼラニウムの鉢がある田舎の小さな家」以上のものは望まない庶民を非難している。一方、「秋の日誌」（1939年）という詩にはゼラニウムの香りの石けんが登場する。この石けんは、語り手が「まずは行動」しようと「ぬるま湯の今」を脱け出すときに使う薬物のような役割を果たす。

この風呂にいつまでもぼうっと浸かっているわけにはいかない。
ローズゼラニウムの石けんと冷たい水が必要だ[13]

思いきった行動を必要とした男もいる。次はイギリスの著作家オルダス・ハクスリーの『すばらしい新世界』（1932年）で、爆弾が爆発した後の描写だ。「ブーツを履いたままの1本の足が宙を飛び、あの真っ赤なゼラニウムの真ん中にぽとりと着地する――夏の素晴らしいショー!」。デイヴィッド・ガスコインの詩「7番目の夢はイシスの夢」（1933年）もハクスリーの描写と同じように生々しく、もっと超現実的だった。

ホテルの宴会場でゼラニウムが爆発した
肉の腐ったような
とてつもなく嫌なにおいが広がる
彼女の耳に生えた植物の　飛び散った花びらから[14]

ヴィクトリア朝のゼラニウムは子供をいい子にするために逆境に耐えたが、モダニズム時代のゼラニウムは詩人に新しい解釈をもたらそうと苦労した。T・S・エリオットの最も有名なゼラニウムは、「狂人」によって枯らされ、揺さぶられる。このモチーフは、彼自身が語ったようにフランスの詩人ジュール・ラフォルグの「透明なゼラニウム、戦士の呪文／偏執的な神への冒涜！」という文章が描くイメージに影響を受けたものだ[15]。エリオットは、ラフォルグの「奇抜さ」はイギリスの形而上詩人が用いた「観念を感覚に、視覚を心理状態に変換する」という技法を思い起こさせるという見解を述べた。近代の詩人たちも「必要とあれば言葉の秩序を乱してでも、自分が言わんとすることを言葉で表現しなければならなかった」のだ[16]。

エリオットは初期の作品の舞台にしばしば都市を選んだが、都市を「感覚に変換」した場合、その感覚とは大半が悪臭だった。1917年のサンディエゴ市長選挙では産業拡大と「美しい都市」

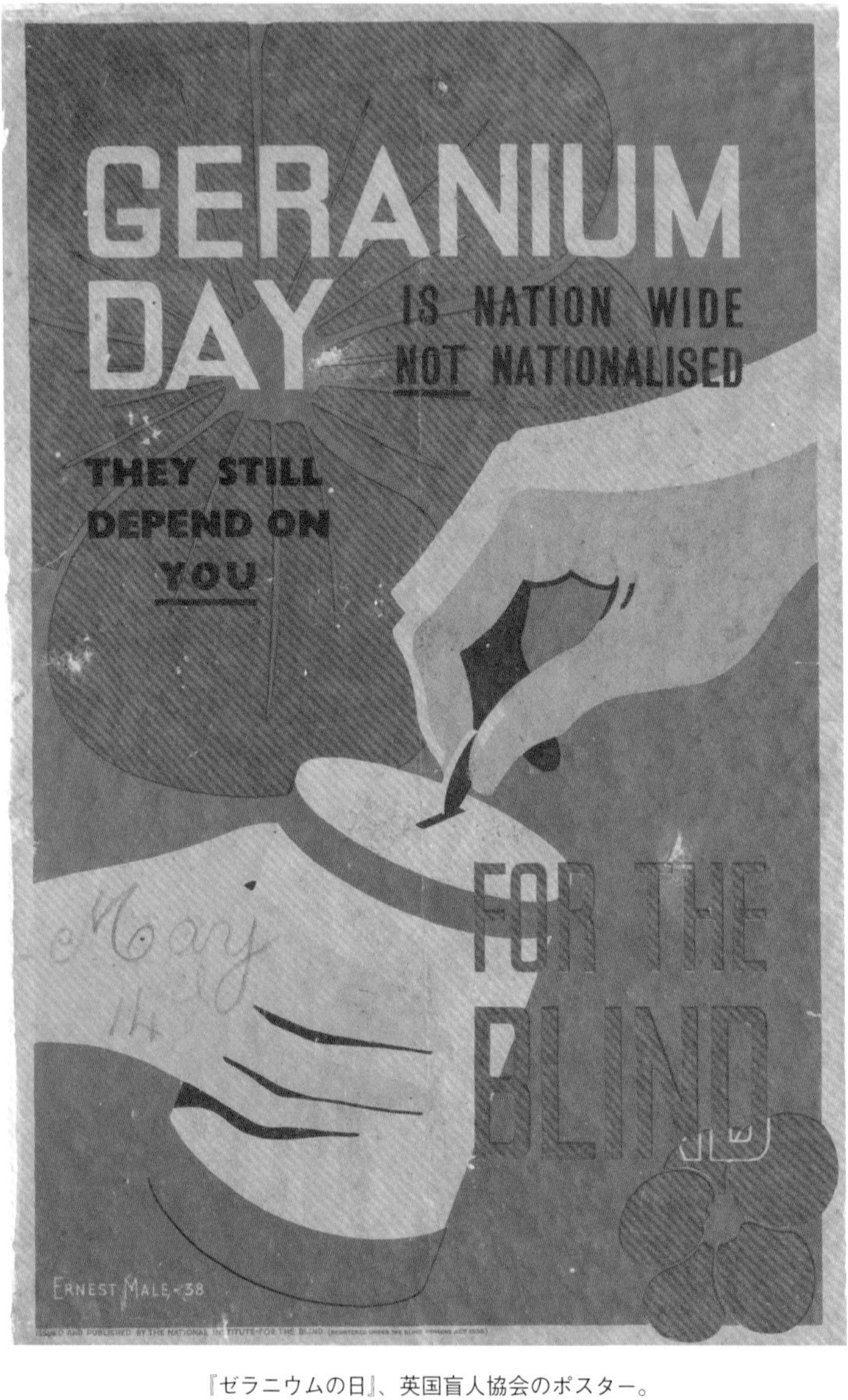

『ゼラニウムの日』、英国盲人協会のポスター。

計画の選択が「煙突VSゼラニウム」と表現されたが、エリオットにとってこのふたつは同じものであり、ゼラニウムと煙突は同義語だった。[17] 彼の「風の夜の狂詩曲」には、「日陰の枯れたゼラニウム」は栗、煙草、「カクテルのにおい」、埃、オーデコロン、「密閉された部屋の女性のにおい」などが混ざり合った強烈なイメージを想起させ、またその逆もしかりだという記述がある。[18]

1910年に書かれ、エリオットの死後に出版された「復活祭：4月の感覚」では、ゼラニウムが水仙との対比で描写されている。第1部では、教会から戻ってきた「黒人の少女」が、「3階の窓辺」に赤いゼラニウムを飾っている。これはまるで日曜学校での教えのように長年にわたって私たちの頭に刷りこまれてきたイメージであり、映画においても何十年もの間用いられてきた。たとえばD・W・グリフィス監督の大作『イントレランス』（1916年）の「現代編」では、都会に暮らす「愛らしい娘」（メイ・マーシュ）が自宅にある「希望のゼラニウム」に癒しを求める。また、F・W・ムルナウが監督した映画『都会の女』（1930年）では、都会の安アパートにゼラニウムを飾っていたヒロインのケイトが中西部の農場に移り住むことになる。ジャン・ルノワール監督の『大いなる幻影』（1937年）では、捕虜収容所の所長フォン・ラウフェンシュタイン大尉が「要塞に咲く唯一の花」であるゼラニウムに慰めを見出す。だが、エリオットの詩に出てくる「黒人の少女」にはそのような幸運は訪れない。献身的に世話をしたにもかかわらず、窓辺のゼラニウムは「萎れて枯れてしまった」。この第1部の最後の連では、少女がゼラニウムを家に持ち帰るという冒頭の行動が「繰り返される」が、ここでエリオットが描いているのはこの「ささやかな神の数式」の物理的な、そして精神的な渇きだ。彼がゼラニウムと最も関連づけた感覚はにおいだった。

F・W・ムルナウ監督『都会の女』（1930年）の映画スチール。

「ゼラニウムの香りは／アスファルトの通りから／熱のにおいとともに立ち上る」。現代のゼラニウムの花に特別な香りはないが、かつてはド・スタール夫人が指摘したように「不快なにおい」を放つと考えられていた。魚のにおいがするという説もあったし、詩人シルヴィア・プラスは「わきの下」や「愛を交わしたベッドのようなジャコウのにおい」と表現した。[19] エリオットの「復活祭：4月の感覚」第2部に登場する水仙とはなんという違いだろう。「閉ざされた涼しい部屋」に咲く水仙は、復活祭の花らしく「土と雨」の香りがする。[20]

エリオットがゼラニウムを荒地の植物——現代的で不快で、干からびた——として描写したことで、作家たちはこの花からパブの床のおがくず「汗、油、汚れを吸い取らせるために撒かれていた」、汚れ、熱、怒り、アブ、薄汚い場所、側溝を連想したり、「狭すぎる」アパートに住

D・W・グリフィス監督『イントレランス』(1916年)の映画スチール。

ジャン・ルノワール監督『大いなる幻影』(1937年)の映画スチール。

む持ち主と同じように鉢の中に押しこめられたり、路地で捨てられて「根を空気にさらしている」情景を思い浮かべたりするようになった。[21] それ以来、現代生活に不満を抱く作家やシュルレアリスム的な傾向を持つ作家はゼラニウムを痛めつけて楽しんでいたかのようだ。近年では、シンガーソングライターのレジーナ・スペクターが書いた歌詞に「エイリアンゼラニウム」たちの戦いが出てくるし、小説家A・M・ホームズの『燃える恋の歌 *Music for Torching*』（1999年）では、郊外のゼラニウムが踏みつけられ、首をはねられ、さらには燃やされる。「花は自分の命がついえたとは知らず、ただ息を潜めているだけだと思ってまだ色褪せずにいる」。だが、ゼラニウムの擬人化コンテストがあるとすれば、一等賞はウィリアム・コッツウィンクルだろう。コッツウィンクルは『E.T.』を小説化した際、E.T.（地球外生命体）を鉢植えと一緒にクローゼットに閉じこめた。そして、この「宇宙植物学者」が「ねだるような視線」を向け、「優しくささやき」、「そっと撫でる」だけで、植物は花を咲かせるのだ。「あなたの声は最も純粋な栄養素です、古代の主よ」とゼラニウムは言う。[22]

◉芸術による償い

作家と違って、画家はゼラニウムにひどい仕打ちはしなかった。身近な植木鉢が多くのものを与えてくれるのに、どうしてそんな真似ができるだろう？ ゼラニウムに感じる魅力はさまざまで、形、つまり、節のある茎や特徴的な葉の形に興味をそそられる画家もいれば、植物と鉢の組み合わせに惹かれた画家もいたようだ。ルノワールが『ゼラニウムと猫』（1881年）で描いた豪華な中国風の鉢と、セザンヌによる『ゼラニウムの鉢』（1885年）の地味な素焼きの鉢などは好対照だろう。セザンヌの絵には最小限必要なものだけが描かれており、ゼラニウムのしっかりした葉の緑に目が惹きつけられる。マティスの『ゼラニウムの鉢』（1912年）のゼラニウムの葉はやや込み入った形だが、ここでは葉の形と色（絵の焦点）が、苔むした鉢や棚に規則的に並べられたほかの鉢と複雑に作用し合っている。[23] フアン・グリスの『ゼラニウムの鉢』（1915年）はさらに複雑だ。ピンクと青の模様（壁紙、布、新聞紙）がピラミッド型に描かれ、その頂点にゼラニウムの鮮やかな緑の葉が等間隔に並ぶ有機的なデザインで、内と外、文明と自然のバランスが表現された。ゼラニウムはこれまで、さまざまな芸術運動に関わってきたと言える。チャールズ・レニー・マッキントッシュが1904年に描いたアール・ヌーヴォーの絵ではもの悲しげにうなだれ、リュボーフィ・ポポーワが1922年に描いた構成主義のスケッチでは重なり合う幾何学的な図形に姿を変え、概念主義のアーティスト、ジョン・バルデッサリが1966年から1968年に描いた『ゼラニウムと少女の肖像』では黒いアクリル絵具の手書き文字に置き換えられた。[24] だが、ほかの大半の画家にとって、園芸界では欠点とされてきたゼラニウムの緋色の花は最高のモチーフとなった。

ゼラニウムの美を見直す動きは印象派から始まった。彼らにとって緋色の輝きは中産階級の退屈な日常ではなく、晴れやかな楽しみを体現するものだったのだ。イギリス美術市場が求めたのがロマンチックなコテージの風景や屋根裏部屋の貧しい少女だったのに対し、印象派は公園や家庭の庭のような潤いのある日常に目を向けた。[25] メアリー・カサットの『庭で縫い物をする娘』（1880

『ゼラニウムと猫』。ピエール＝オーギュスト・ルノワール、1881年、油彩、カンバス。

『ゼラニウムの鉢』。ポール・セザンヌ、1885年頃、鉛筆と水彩、紙。

『ゼラニウムの鉢』。アンリ・マティス、1912年、油彩、亜麻布。

〜1882年）やチャイルド・ハッサムの『ゼラニウム』（1888年）といった作品と伝統的な「都会に住む娘」を比べてみれば、視点の違いは明らかだろう。[26]ヴィクトリア朝のお針子が、暗いなかたったひとつの鉢植えのそばで暮らしのために仕事をしているのに対し、印象派の裕福な娘は純潔を思わせる真っ白な服を着て陽光に輝く赤い花々に囲まれ、楽しみのために縫い物をしている。この赤い花々は彼女自身の姿を反映し、また美しく飾っているかのようだ。こうした娘たちは花と友人になるのではなく、花より上に位置していた（絵の構図と同じように）。

ルノワールは「郊外の庭に1本のリンゴの木が欲しい」と語った。「ナイアガラの滝を望んだことは一度もない」。[27]印象派の画家にとって自宅の庭は現実世界と精神世界が織りなす「現代生活」という舞台であると同時に、光による色彩の変化を試す野外実験場でもあった。その色彩のひとつが鮮やかなゼラニウムの赤であり、「補色」である緑と結びついて数多くの絵画作品に登場している。マネの『読書する女』（1879〜1880年）のように小さな赤いゼラニウムが点在して「スパイスのような」（映画監督デレク・ジャーマンの弁）役割を果たすこともあれば、堂々たる主役になる場合もあった。[28]

クロード・モネはノルマンディーのサン・タドレスにある実家から終の棲家となったジヴェルニーにいたるまで、自宅の庭の絵を多く描いている。ジヴェルニーの庭の植物はどれも身近なものだったが、青リンゴ色の家の前にはふたつの赤いゼラニウム花壇がつくられていた。[29]もっとも、ここで紹介したいのはジヴェルニーではなく、パリから11キロほど離れたアルジャントゥイユにあるオーブリー邸の庭だ。モネは1871年にこの地に移り住むと近代園芸のスタイルに忠実に沿った庭を

『シリー諸島セント・メアリーズ島のアイビーゼラニウム』。チャールズ・レニー・マッキントッシュ、1904年、鉛筆と水彩、紙。

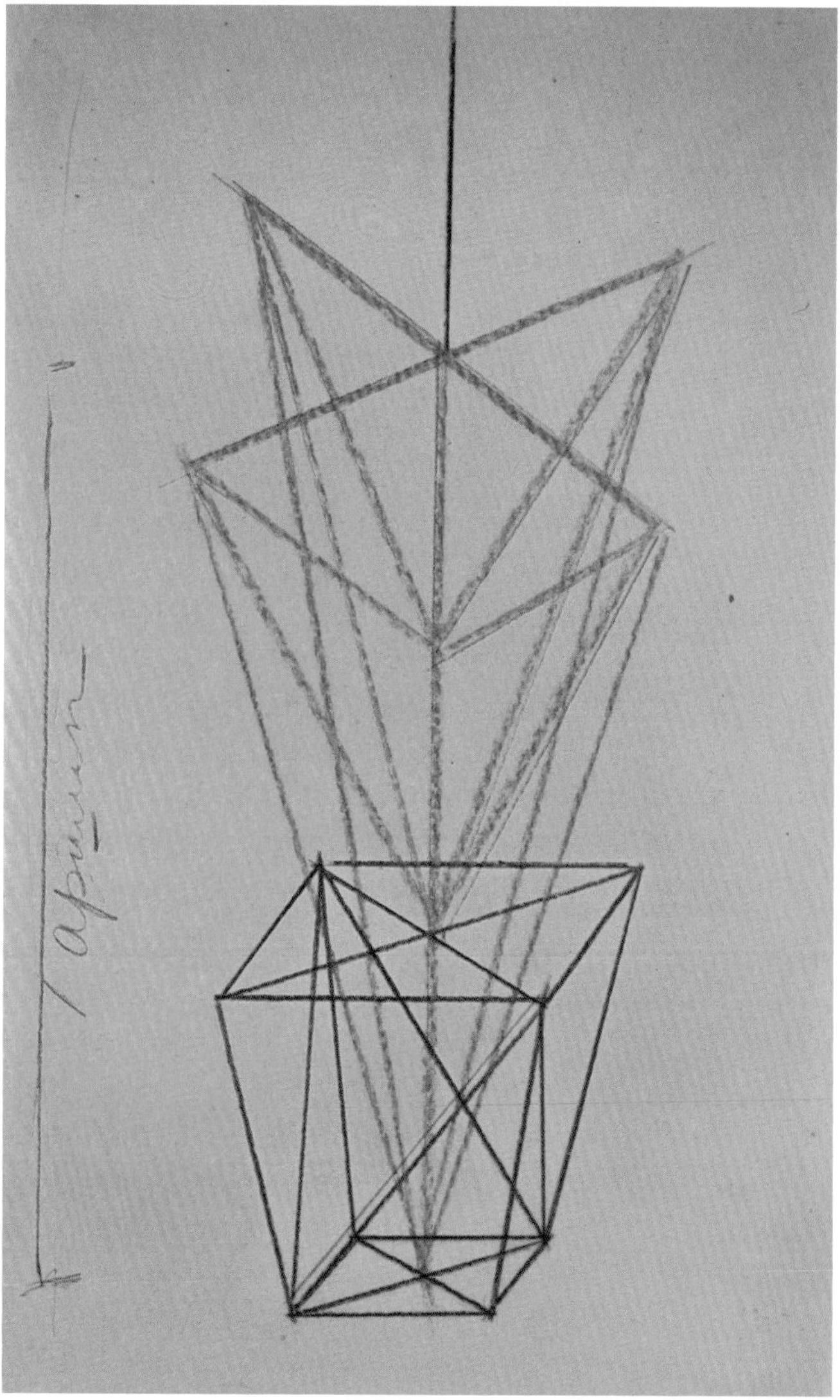

リュボーフィ・ポポーワが描いた「鉢植えのゼラニウム」。フェルナンド・クロムランクの演劇『寛大なる寝取られ男』の小道具デザイン。1922年。

『庭で縫い物をする娘』。メアリー・カサット、1880～1882年頃。油彩、カンバス。

つくり、芝生に赤いゼラニウムの円形花壇を設けた。

彼はこの花壇を何度も描いているが、なかでも非常に魅力的なのは『庭のベンチに座るカミーユ・モネ』（1873年）だ。構図は緻密に計算されており、太陽の光と影によって絵が大胆な対角線に分かれている。前景の影はおそらく木の影だろう。黒い横木のベンチには女性が腰を下ろしている。灰色と黒という喪服の色の上等なドレスを着た彼女はどこか遠くを見つめ、その後ろにはやはり灰色と黒の服を着た優雅な紳士がベンチにもたれるように立っている。ふたりとも襟元と袖口に白の差し色があるが、視覚的に対になっている部分はそれだけではない。たとえばベンチの背に置かれた男性の手は下向きで、女性は手紙か名刺のようなものを持った手をぎこちなく上げている。そして、ふたりの体の位置は先に述べた対角線と交差するもうひとつの対角線をつくっているのだ。この構図がふたりを囲いこむ効果を持つことは批評家の一致した意見だが、その象徴するものは密会であったり諍いであったりと複数の見解がなされている。なかでも説得力があるのは当時の彼の個人的な出来事から推察した解釈で、生と死を表現しているというものだ。この作品はモネが1873年に義父を亡くした後に描いた3点の庭園画のうちの1点で、いずれも妻と、それぞれアングルは違うがゼラニウムが描かれている。[30]著作家のメアリー・ゲドは、この3枚の絵は死を悼む「連続した物語を構成する」のではないかと示唆している。批評家はそれを踏まえ、この髭の男性は擬人化された「死」であり、カミーユは彼の名刺と贈られた花束を受け取るのを躊躇《ちゅうちょ》していると解釈した。あるいはより現実的な視点で、この男性は「妻の悲しみに触れることのできない無力さ」を表現した「モネの分身」だという解釈もできる。[31]では、向かって絵の左半分はどうだろうか？

『ゼラニウム』。チャイルド・ハッサム、1888年、油彩、カンバス。

『庭のベンチに座るカミーユ・モネ』。クロード・モネ、1873年、油彩、カンバス。

ゲドは、ゼラニウムのそばにいる女性は「この死によって最も影響を受けたもうひとりの人物、つまりカミーユの母親を表していると見るのが最も適切かもしれない」との見解を示したが、左右に分かれた絵の対比については特に言及していない。[32] 構図の左右ではすべてが明確に線引きされている。影と太陽の光が生み出す黒と輝く赤、ベンチのふたりの喪服と立っている女性の青いドレス、幾何学的な線が支配する前景と有機的な丸みを帯びた背景（女性の帽子や日傘、花壇、そして木の幹までもが曲線的だ）。前景で唯一丸みを帯びた物体と言えばベンチに置かれた花束だけで、その点在する赤が絵の2つの構図を辛うじて結びつけている。太陽の光を浴びたゼラニウムの花に手を伸ばす日傘の女性は生を連想させる。カミーユも、やがて同じように花に手を伸ばしただろうか？

ジヴェルニーにあるモネ邸の庭園。

◉太陽の光とエロス

鉢に赤いゼラニウムが咲いていた
そのとき、蝶がすさまじい勢いで飛んできて
花に何か囁いたみたい
ゼラニウムはさらに赤く染まった
あの誘惑の蝶

映画『アリキ海軍に行く』（1961年）の挿入歌『かもめ』（歌：アリキ・ヴォーグリウクラキ）より[33]

モネが花の何に重きを置いたかというと、「言葉」ではなく「感覚」だ。画家のカミーユ・ピサロは、印象派は「感覚に基づく」芸術だと述べているが、これは印象派に続く多くの芸術にも当てはまる。[34]感覚を蘇らせ得る要素のひとつは「原始」文化との接触、あるいは少なくともラスキンがおぞましげに「原始の色」と呼んだものとの接触だった。

1917年、D・H・ロレンスは世間が画一的に抱く鼻持ちならない願望の愚かさを論じたエッセイのなかで、ペチュニアがゼラニウムに見下すようにこう言う場面を書いた。「お嬢さん、あなたもそんなありふれた真っ赤じゃなく、私のようにふじ色や白になりたいとお思いでしょうね」。ロレンスは「こんな質問はくだらない」と断言する。人間も植物も、「自分の好きなように生きることを学ぶべきだ」。結局のところ、「ペチュニアはペチュニアであり、ゼラニウムはゼラニウムでしかない」[35]。どちらにも公平であろうという姿勢はうかがえるが、ロレンスがペチュニアよりもゼラニウムを好んでいたことは間違いないようだ。著作には「ゼラニウムの赤い色」を賞賛する記述が数多くあり、彼にとってゼラニウムは「官能的な体験以外の何ものでもない」。彼は詩のなかでこう訴えている。「想像してみてくれ、赤いゼラニウムのことを心が考えたと」[36]。太陽を好むこの花は、「強烈な」赤であれ「喜びに満ちた」ピンクであれ、社会的人工物［社会を基礎として作り出される言語や規則、組織などのこと］や象徴ではなく、最も純粋で力強く、同時代の詩人エイミー・ローウェルも認めたように「生々しい」性的な性質を表現するものだった[37]。

その生々しさは北欧ではなかなか味わえないものだった。たとえばロレンスの小説『虹』で、少女アーシュラは「曇ったガラスの前に萎れたゼラニウム」を飾ってある学校の教室を一種の「牢獄」だと感じている[38]。さらに、イギリスに存在するわずかな赤は、性的なものとは対極のよき家庭を思わせる七面鳥や、派手な花壇づくりにいそしむ中産階級への非難と結びつけられていた。ロレンスの友人で、彼と同じく上品な社交界を場違いだと感じていたキャサリン・マンスフィールドは、しばしば都会のゼラニウムに威圧感を感じていた。「あの人たちは、どうして私の顔を見れば『ロン

イタリア政府観光局のポスター。マリオ・ボルゴニ画、1915年頃。

ノーフォーク、ゴーレストン＝オン＝シーの宣伝ポスター。1950年。

ドンのお庭には何を植えていらっしゃる？』と尋ねるのだろう。誰も彼も傲慢さとプライドの塊だ」[39]。もし人生が「色彩にあふれ」、「鉢植えのゼラニウムよりも華やか」であるべきだとすれば、まずは太陽の輝く地中海、オーストラリア、カリフォルニアに行くべきだろう。ロレンスの別の詩の一節にあるように、「ここには赤いゼラニウムの咲く庭があり、暖かい。とても暖かい」[40]

イギリス人が太陽の光に驚嘆するのは今に始まったことではない。1823年にイタリアのジェノヴァを訪れたリー・ハントは、「この温暖な地を訪れない限り、色彩とは何かを知ることはないだろう」と述べている。[41]だが、その色彩は時代を経て昔では考えられないほど身近になっていった。第一次世界大戦終結から次の大戦が勃発するまでの間に、最初の大規模な海浜観光ブームがあった。イタリアの海岸沿いの町は青い空、青い海、そしてしばしば前景にスカーレットゼラニウムを配したポスターで観光客を獲得しようと競い合った。また、イギリス国鉄は南国スペインで夏の休暇を過ごす恋人たちの気分を味わってもらおうと、ノーフォークにリゾート地ゴーレストン＝オン＝シーを開発している。[42]また、海から遠く離れた土地では、ホテルの「食堂に飾った世界一背の高いゼラニウム」で客を引きつける必要があった。

◉植物を用いた絵画

20世紀初頭以降、園芸家はしばしば自分たちの作業を「生きた花を用いた絵画」制作だと主張するようになった。おそらくモネが自ら「最も美しい芸術作品」と呼んだジヴェルニーの庭園や、サ

「食堂に飾った世界一背の高いゼラニウム」を宣伝する絵葉書。ウィスコンシン州マックナゴにあるヘブンシティ・ホテル。

リー州のマンステッド・ウッドにあるガートルード・ジーキルの庭園にインスピレーションを得たのだろう。[43]

ヴィクトリア朝の有名な園芸家の「異端の」手から花壇を取り戻すことは、「芸術における醜さと偽り」に対するアーツ・アンド・クラフツ運動［19世紀後半のイギリスで興った、芸術と生活を一致させようという運動］の第一歩だった。[44] プロの園芸家の困ったところは「想像力」も「深い理解」も必要としない「型通りの庭」を好むことで、こうした「装飾芸術家」は「色とりどりの広告」のような庭をつくり上げた。その作業には手間がかかるが、「知的な努力を必要としない」。一方、「園芸芸術家」にとっては、知的努力こそが作業の大半を占めていた。「植物の配置は、1本たりとも他人に任せることはできない」とジーキルは書いている。「仕上がりが素朴で単純に見えたとしても、自分の庭は自分で描かなくてはならない。誰も代わりをすることはできないのだ」。[45] 言い換えるなら、絵を描くことは配置がすべてであり、ジーキルは4人の庭師を雇って配置通りの植え付けを行わせていた。[46]

ガートルード・ジーキルは、ウィリアム・ロビンソンが創刊した週刊誌『ザ・ガーデン』に頻繁に寄稿し、ロビンソンの有名な著書『イギリスの花園 *The English Flower Garden*』（1883年）の色彩に関する章を書いている。ロビンソンと同じく彼女もよく園芸作業を「絵を描く」と表現したが、ロビンソンとは異なり形式や強い色彩を完全に切り捨てることはないと考えていた。[47]正しく使えば（これは高慢な考えかもしれない）、どんな植物や色も園芸家のパレットから排除する必要はなく、ゼラニウムも例外ではなかった。ジーキルは、自宅の庭の花壇を見た訪問客はいつも「一度だけでなく何度も、ぎょっとして驚きの声を上げた」と述べている。『あなたはゼラニウムを嫌っていると思っていたわ』。とんでもない、私はゼラニウムが大好きなのだ」

この植物がこれまで「悲しいほど誤った使い方」をされていたとしても、それはゼラニウムのせいではない。「花壇植物になるずっと以前から、ゼラニウムはゼラニウムだった」。ジーキルは「中世から、そしておそらくさらに遠い古代から続く伝統」に沿って、イタリア製のテラコッタ鉢に「サーモンシェイド」という品種を好んで植えた。さらに訪問客を驚かせたのは、緋色のゼラニウムを大量に植えていたことだ。[48]

だが、ゼラニウムにもさまざまな捉え方があるように、「花壇の捉え方もさまざま」だ。同じ種類の植物をまとめて植える群植は、「空間を埋めるためだけの単調な、あるいは愚かな」配置であり、代わり映えのしない幾何学的なスペースで「不適切」だと見ることもできれば、「花壇に絵を描く」ことやバランスを意識しながら配置する場合は「正解」だと言える。たとえば一年草、多年草、低

「ムンステッド・ウッドの南側にある赤いボーダー花壇」。1912年頃、ハーバート・カウリー撮影、オートクローム［世界ではじめて発明されたカラー写真法］。

木が「交ざり合ったボーダー」、すなわち細長いドリフト［複数の植物を左右に流れるように伸びる形のまとまりにする植栽スタイル］では、同じ植物のまとまりから成るこの「絵」は季節ごとに次々と変化していく。[49]重要なポイントは色であり、「コントラストよりも調和」がボーダー花壇の目指すところだった。ジーキルは相対色のグループを通じて徐々に変化する花壇づくり、言い換えればどの段階においてもひとつのグループが「鑑賞者の視界を満たし」た後、次に向かう方向に視線を向けさせるスタイルを提唱した。[50]その最たる例が、ジーキル自身が設計した長さ200フィート（約60メートル）、幅14フィート（約4メートル）のダブルボーダー花壇の「色彩の川」だ。寒色系は距離感を出し、暖色系は距離感を縮めるため、後者の花が最も遠くに配置され

ジーキルの手法を参考にしたケンブリッジ大学クレア・カレッジの庭園。

た。中央のボーダーを彩るのは赤い色――ゼラニウム、サルビア、カンナ、ダリア――で、その後ろに背の高いタチアオイと深紅色の葉を持つつる性植物が植えられた。[51] ジーキルは、この花壇は「色彩は強く華やかだが、調和がとれているので決して派手ではない」と主張している。特にお気に入りのゼラニウムは「ポール・クランペル」という品種で、その緋色は「純粋」だが「凶暴ではない」。ジーキルにとって「生々しい」は褒め言葉ではなかった。ボーダーの両側にはオレンジと黄色の色彩が流れ、一方の端はグレーと「これ以上ないほど淡い」黄色とピンク、もう一方の端はグレー、ライラック色、紫の色調が配置されている。これは「補色の法則」に沿ったもので、「豊かな色彩」で「視界を埋めつくして」きた鑑賞者の目に安らぎを与える色合いだ。[52]

ジーキルの手法はガーデニングの20世紀様式

パリのモンパルナス墓地に供えられたゼラニウム、2011年撮影。

に大きな影響を与えることになる。たとえば2011年、ケンブリッジ大学クレア・カレッジの庭園にはサルビア、モナルダ、ダリア、スカーレットゼラニウムが埋めつくす、目を見張るような赤いボーダー花壇がつくられた。ただし、つい忘れがちだが、誰もがこの「知的な組み合わせ」を見てその機微を理解するわけではない。1913年にマンステッドにあるジーキルの庭園を訪れたあるアメリカ人は、「赤いゼラニウムの花壇ほどぞっとするものは、ニューポートやバーハーバーでも見たことがない」と不平を漏らしたという。[53]

モネやジーキルのような熱心な園芸家にとって、自然がつかの間の生きた絵画になるという事実は喜ぶべきものだった。対照的に、自然を愛でる時代は「全盛期を過ぎ」、現代生活は芸術的な舞台として楽しむのが最善だと考える人々にとっては、赤いゼラニウムの美的魅力は「偽物のように見える」ことにあると捉えていた。[54] 居心地のいい家庭生活に結びつくイメージを持つゼラニウムは、たとえばランの花のようにデカダンスにふさわしい植物とは言えない。だが、見方を変えれば最も家庭的な植物でさえ不自然で奇妙、そしてグロテスクにもなり得るはずだ。プルーストは太陽の光が射す赤い絨毯を「ゼラニウムのような明るい肉色」と表現し、ラフォルグは「ピエロ」という詩のなかで、ゼラニウム色の唇という昔ながらのイメージを用いてピエロの口元を「すべてを魅了する／まるで1本のゼラニウムのように」と描写した。[55] 表現主義者たちは色彩の心理的効果に対する関心をもとに、多くの作品を生み出した。作家カーソン・マッカラーズは「冬のゼラニウムの色」をした11月の空の下で10代の少女たちがミケランジェロの話をしながら通り過ぎる素晴らしい場面を描き、カミュの『異邦人』ではムルソーが母親の棺にかけられる「血の色をした赤土」のおぞましさを墓地の赤いゼラニウムが強調していると感じる。ヴァージニア・ウルフの『灯台へ』では、ラムジー氏が、抽象的な思考をAからZまでのアルファベットのように論理的に進めようとするとき「赤いゼラニウムの花が咲き誇る石壷」が邪魔になることを発見する。最後のZは「遠くで赤い光を放っている」が、彼は身近にある赤い花に気を取られてしまうのだ。ゼラニウムの花は彼の「思考の過程」を「飾り」、やがて具現化するようになり、その葉は「思考を書き留める紙の切れ端」のように見えてくる。[56]

ゼラニウムは思考を中断させるばかりではなかった。哲学者ヴァルター・ベンヤミンは、時代が19世紀から20世紀へと変わる頃の幼少期に住んでいたベルリンのアパートについて、電車からその中庭を眺めたときに感じた不思議な効果を回想している。彼の視点から見ると、「植木箱から顔を出している赤いゼラニウムは、毎朝窓辺に干されている赤い羽毛のマットレスよりも夏という季節に不釣り合いだった」[57]。マットレスはゼラニウム（自然）の代用品ではなく、むしろ彼にはゼラニウムよりも好ましく映ったのだ。都市が自らの色を作り出すことができるなら、誰が植物を必要とするだろう。そして、ゼラニウム色の口紅やマニキュアが買えるのに、誰が本物のゼラニウムを必要とするだろう。こうした化粧品は、「自然さ」を求める人々のものではない。ネラ・ラーセンのハーレム・ルネサンス［アメリカ、特にニューヨークのハーレムにおけるアフリカ系アメリカ人の文学や芸術］小説『白い黒人』（1929年）［植野達郎訳。春風社］に出てくるアイリーンは、友人のクレアが「偽物」であることを知っている。なぜなら、彼女の唇は「鮮やかなゼラニウム色」に染まり、肌は「象牙色」だからだ[58]。

◉今も窓辺に

1964年6月2日、『シカゴ・デイリー・ニュース *Chicago Daily News*』はジョン・フリーマン夫人の敷地からゼラニウム4鉢が盗まれたと報じた。なぜこれがニュースに取り上げられたのか？記事はこう説明している。「赤いゼラニウムは6月14日に一般公開されるサウスショア地区のシンボルだ。当日は黒人と白人がこの地域の選ばれた邸宅を一緒に見て回ることになっている」。1964年6月、赤いゼラニウムは差別がないことの象徴として選ばれた花であり、花を盗んだ者はこの考えに反対だったのだろう。その1か月後、公民権法によって人種分離は違法となった。

「ゼラニウム4鉢が盗まれました」。『シカゴ・デイリー・ニュース *Chicago Daily News*』より（1964年6月2日付）。

窓辺のゼラニウムが現すものは必ずしも単純明快ではない。裁判待ちの娼婦を収容するマンハッタン初の収容所「ウェイヴァリー・ハウス」を設立したモード・マイナーは、この収容所を「同じ地区のほかの赤レンガの建物と区別するような目印や看板は設置しない」ことにした。だが、マイナーの知らないところで、人々が目印にしているものがあったのだ。彼女によれば、ある少女が出所後に「私たちを訪ねてきて、こう言ったのです。『ウェイヴァリー・ハウスの場所はすぐにわかったわ。赤いゼラニウムを頼りに探したのよ』[59]」。保護観察官だったマイナーは「売春の奴隷」になっている女性たちを救い、赤いゼラニウムをセックスから尊厳の象徴に変えることを決意するが、それは簡単なことではなかった。大恐慌時代のアラバマを描いたハーパー・リーの1960年の小説『アラバマ物語』［菊池重三郎訳。暮しの手帖社］には「鮮やかな赤いゼラニウムを入れた、縁の欠けた6つのほうろうの汚水壺」が出てくるが、これも何を意味するのかわかりにくい。錆びた農具、古い靴、歯医者の患者用の古い椅子、フォード・モデルTの残骸などがらくただらけの「汚い庭」のフェンスに沿って、「よく手入れされた」ゼラニウムが並んでいる。この植物は何を表しているのだろう？　D・H・ロレンス風の官能、それとも「清潔」と「尊厳」に対する願望だろうか？[60]　もし町の住人たちがマイエラ・イーウェルのゼラニウムが意味することすらわからないとしたら、性的暴行を受けたという彼女の主張をどう判断すればいいのだろう？

　ゼラニウムの花は、知らず知らずのうちに悪事の隠れみのになることもある。咲くべきではない場所に咲き、尊敬に値しない人々が住む家を立派に見せるのだ。その初期の例にM・E・ブラドンの扇情小説『猛禽たち *Birds of Prey*』（1867年）がある。この作品ではフィッツジョージ通り

14番地の家の「汚れなき輝き」が、ブルームズベリーの薄汚れた隣人たちを非難する役割を果たしている。

窓辺には花が飾られていた。派手な緋色のゼラニウムだ。ゼラニウムを襲うあらゆる病から免れているらしく、緑の中に色あせた葉を見つけることも、豊かな花の中に枯れたものを見つけることもできない。（中略）通りに面したニスを塗ったばかりのドアには、真鍮のプレートがついていた。白い玄関の階段、緋色のゼラニウム、緑のブラインド、そして真鍮のプレートという組み合わせは、目もくらむばかりに鮮やかな効果を生み出していた。

だが、フィッツジョージ通りではすべてが見かけと異なっている。この家の新しい借主フィリップ・シェルダンは、入れ歯専門の歯医者だ。彼は真鍮のプレートを掲げるだけでは満足せず、自宅に「通行人の目の高さに合わせた、美しい小さなガラスケース」を取りつけ、玄関前の白い階段と緋色のゼラニウムと呼応させるかのように、「輝く白い歯とありえないほど赤い歯茎」というグロテスクな品を飾るのだ。[61] 14番地の家自体は立派だが、同時に借主の（残忍な）個性を十分に表現している。

ほかにも、実際に大きな隠れみのになったゼラニウムがある。1930年代、ミュンヘン近郊の精神科病院エーグルフィング・ハールでは、障害児を「安楽死」させるための「特別部門」が設置されていた。この殺人は、白いタイル張りの小さなテーブルと窓辺のゼラニウム以外はほぼ何もない部屋で行われた。精神科医フレデリック・ワーサムは、赤ん坊や子供を毒殺してその脳をラベルで細かく分けた瓶に入れるための部屋で鉢植えを手入れすることの恐ろしさを記している。[62]ウォーカー・パーシーの小説『タナトス・シンドローム』〔吉野荘児訳。角川書店〕ではこの事件を取り上げ、かつてこの病院を訪れて「豊かに咲き誇る美しい植物」を目にしたアメリカ人神父スミスの「告白」として語られる。ドストエフスキーの『悪霊』に出てくるスタヴローギンのように、スミス神父もゼラニウムがもたらす幻覚から逃れることはできない。そして、彼がこの植物の存在を思い起こすのはあるにおいを嗅いだときだ。それは「甘い」ものと「化学的な」ものが交じったにおい、すなわち「ツィクロンB〔ドイツの殺虫剤で強い毒性を持ちホロスコートで毒ガスとして使われた〕とゼラニウム」のにおいだった。[63]家庭的な雰囲気と殺人が共存した場所はエーグルフィング・ハールだけではない。ナチス親衛隊の将校クルト・ゲルシュタインは、ベウジェツ収容所のガス室を初めて見たとき、建物が「ゼラニウムやほかの花を植えた大きな鉢」に囲まれていたため個人の邸宅と勘違いしたという。だが、ドアの上には「ハッケンホルト基金」と書かれており、ゲルシュタインは後に、これが収容された人々を殺害するガス室をつくった将校の名前であることを知る。ディーゼルエンジンの排気ガスを室内に送りこむという仕組みで、すべてが終わるまでに要する時間は32分だった。[64]

このように人命や家庭の聖域をも侵す残虐な戦時を描いた物語は、家庭の意味や価値に注目が集まっていた１９５０年代に多く発表されている。戦後に郊外住宅が急速に拡大した時代で、家族向けの大量消費主義が高まったことで伝統的な「家」のイメージが復活したのだ。

ナショナル・キャン社の広告。『チェイン・ストア・エイジ *Chain Store Age*』誌1949年1月号より。

窓辺のゼラニウム
芝生のアジサイ
キッチンで朝食を
やわらかなピンク色の夜明けに

（ミュージカル『回転木馬』より。
リチャード・ロジャース作曲、オスカー・ハマースタイン2世作詞）

鉢植えの花を讃えたのはロジャースとハマースタインだけではない。[65] ゼラニウムは1950年代のテレビ番組や広告に頻繁に用いられ、台所を良き家庭の象徴、そして豊かな新保守主義を象徴する中心的存在地として印象づけた。アン・ペトリーの1947年の小説『ストリート』〔並河亮訳。改造社〕では、ニューヨークの地下鉄の車内で、若い黒人家政婦が「奇跡の台所」の広告を目にする。

その広告には、まばゆいばかりのブロンドの娘が描かれていた。娘は海軍の制服に身を包んでほほ笑む黒髪の男に寄り添っている。ふたりの前には陶器のシンクがあり、電車の室内灯に照らされて真っ白に輝いていた。水道の蛇口はまるで本物の銀のようだ。床は白と黒の鮮やかな模様のリノリウムで、台所の明るさを強調している。それから開き窓。黄色い鉢に植えられた赤いゼラニウム。（中略）2週間前に越してきた116番街のアパートの台所とはまるで違う。そして、前にコネチカット州で働いていた屋敷の台所にそっくりだった。[66]

アームストロング・プレイド・キッチン社のアメリカ向け広告、1954年。

「ブリーザーで一息入れよう！」。1956年のビールの広告。

広告に登場する家族はほとんどが幻想だった。実際にはかつてないほど多くの女性が外に出て働くようになり、1952年のベストセラーに『缶詰を使った料理本 *The Can-opener Cookbook*』が仲間入りするほどだった。[67]

◉ゼラニウム市場

アメリカでは戦時中の食糧難の影響から、ゼラニウムが絶えず栽培されていた時代は20世紀前半で終わりを告げた。一方、イギリスでは1950年代に入ってこの植物への注目が再び高まり、「古風だからこそかえって超現代的」だと見なされるようになる。1949年にチェルシー・フラワーショーを訪れた園芸作家エレノア・シンクレア・ローデも、戦前から続く「唯一の専門栽培家」こと W・A・R・クリフトンの展示を見て同じことを感じたという。「人工的な光のなかでこれほど見事な輝きを放つ花はほかにありません」とローデは感想を述べた。ゼラニウムはきっと「再びブームになるでしょう」[68]。1950年、『タイムズ』紙のある上層部は、キューガーデンの80ヤード(約73メートル)に及ぶ展示は「ゼラニウムの葉のさまざまな色合いと品種」を誇示するもので、「ゼラニウム嫌いの人々に対する反論となった」と賞賛している。1952年には、エリザベス女王の戴冠式に備えて人気の八重咲きゼラニウムの新品種「グスタフ・エミッヒ」2万本が王立公園に植えられた。また、パレードのルートに選ばれた通りの街灯はつり花籠に植えた匍匐性の品種で飾られた。[69] このメッセージは明確だ。新たなエリザベス朝は、ゼラニウムで埋めつくされることになる

ペラルゴニウムのセール中。サフォークのウェンハストンにあるウッテンズ園芸店にて。

という宣言だった。

ゼラニウムに関する新たな書籍も出版された。先陣を切ったのはヘレン・ヴァンペルト・ウィルソンの『ゼラニウム：庭に植えるペラルゴニウムと窓辺に飾るゼラニウム *Geraniums: Pelargoniums for Gardens and Windows Geraniums*』という読者を混乱させるタイトルの本で、1946年に『ゼラニウムの楽しみ *The Joy of Geraniums*』と改題されて1965年までに3度再版されている。イギリスではBBCテレビのプロデューサー、ジョン・クロスが『ゼラニウムの本 *The Book of the Geranium*』（1951年）を出版した。この本で彼は郊外の庭を「イタリア風」にする手法を紹介し、アメリカの例に倣ってイギリスでもゼラニウム協会をつくってはどうかと思う読者は連絡してほしいと呼びかけた。[70] 読者はその声に応え、以来複数の「ゼラニウムとペラルゴニウム」協会（この名称についての議論は尽きない）が今も活動を続けている。伝統的な品種（ファンシーリーフ、ローズバッド、一重咲きゾーナル種、八重咲きゾーナル種）の多くは依然として人気だが、品評会では新たなカテゴリーも加わり、今もアマチュア愛好家の温室で交配に成功した多くの新品種が誕生している。

戦後のゼラニウム交配の立役者のひとり、デレク・クリフォードは『ペラルゴニウムと人気の「ゼラニウム」*Pelargoniums, Including the Popular 'Geranium'*』（1958年）を始め複数の著書を発表している。彼はさまざまな品種を取り上げたが、そのひとつが1920年代にアーサー・ラングレー・スミスが交配により開発、命名した「エンジェル」だ。リーガル種と、レモンの香りの縮れ葉を持つヴィクトリア朝の「フィンガーボウル・ゼラニウム」ことP.crispumの交配から生まれたエンジェル種はパンジーに似た繊細な花が特徴で、着実に人気が高まっている。[71] この60年間に導入されたそのほかのおもな品種は、ほとんどがゾーナル種の交配によって作出されたものだ。そのなかには枝葉が大きく茂り、花つきのよい「イレーネ」種（1942年にオハイオ州でチャールズ・ベリンガーが導入、彼の妻にちなんで命名された）から小ぶりの「ディーコン」種（サフォーク州のスタンレー・ストリンガー牧師が1960年代末からアイビーゼラニウム同士で交配させた）、「ゾーナル種の変わり種」で細長い花を咲かせる「ステラ」と「フォーモサム」まで、さまざまな品種がある。「ステラ」は1950年代後半、テッド・ボスがシドニーでゾーナル種と地元の品種「チャイニーズ・カクタス」を交配して開発したもので、その後バンクーバーのイアン・ギラムによってさらなる交配種が作出された。[72] 一方「フォーモサム」はカリフォルニアの偉大な育種家、ホームズ・ミラーが興味を持った多くのグループ（わい性のものや小型のゾーナル種など）のひとつに過ぎない。最近

ゼラニウムの挿し木を植えるアルフレッド・G・フローリック。シカゴ、リンカーンパーク植物園にて。

ではオーストラリアのクリフ・ブラックマンやイギリスのスティーブ・ポラードが、ゾーナル種と「雪をかぶったコウノトリのクチバシ」とも呼ばれるP. articulatumを交配し、黄色の花を咲かせる「ゾナティクス」を開発しようと実験を重ねている。[73] エリザベス・ケントは1823年に「ゼラニウムの品種開発に終わりはない」と予言したが、2011年の時点で1万6000以上の品種が存在することを知ったらさすがに驚くに違いない。[74] 愛好家や専門家の温室で行われる実験は、どうやら本当に終わる気配がなさそうだ。

とは言え、こうした品種の大半は園芸店で気軽に購入できるものではない。現在購入できるゼラニウムのほとんどはふたつの手法、つまり種子繁殖か挿し木で

葉の裏側がさび病になったゼラニウム。

商業生産されている。1960年代にペンシルベニア州立大学でペラルゴニウムの種子繁殖の実験が行われ、F1品種が開発された。F1品種とは2品種の親の間で一代目の交配によって作出される品種のことで、親の種が同じであれば交配を繰り返すごとに同じ性質を持つ個体を得ることができる。[75] 種子から栽培するゼラニウムは、挿し木に時間と温室のスペースを割きたくない場合、またシーズンごとに異なる形状の植物を植えたい場合に好まれ、公園管理局などで重宝されている。

1967年に初めて市販されたのは「ケアフリー《気楽》」という品種だが、種子栽培は「気楽」に成功するとは限らない。若い苗はシーズン初期に多くの熱を必要とし、適切なサイズを維持し、花びらが散らないように化学的処理をしなければならないのだ。さらに、種子繁殖では一重咲きのものしか育たないという欠点もある。[76]

園芸店で販売されるゼラニウムは、少数の多国

組織培養されたペラルゴニウム。

籍企業が厳重に管理する「親株」から採取された新鮮な挿し木によって繁殖する。たとえばアグリビジネス企業「シンジェンタ」では、ケニアで栽培した挿し木をオランダとドイツに送り、栽培用のプラグトレイ［培養土を入れたプラスチック容器］や鉢に植えて、ヨーロッパ中に流通させている。また、小規模な店はグローバル企業から挿し木苗やプラグ苗［プラグトレイで移植可能になるまで栽培した苗］を仕入れるため、地元で栽培された植物でも原産地は異なる場合が多い。多国籍企業はできるだけ多くの気候に適した植物を求めているが、その地域の人々の嗜好も考慮に入れなければならない。スカンジナビアやフランスでは匍匐性の品種が最も人気があり、ドイツやイギリスではゾーナル種が定番だ。深紅の花を咲かせる品種は、今でも市販のゼラニウムの少なくとも30パーセントを占めている。商業育種家が重視するのは、目新しさよりも病気や乾燥への耐性など、経済面で重要となる形質だ。彼らの究極の目的は自浄作用のある植物――花びらが自然に落ち、萎れた花を取り除く必要がない植物を商業用に大量繁殖させることだ。[77]

アメリカでは1949年から1959年にかけて一年生植物の売上が倍増し、それ以来市場は「重い荷を積んだ手押し車が坂を転がるように」勢いを増し続けている。[78] 花壇植物は園芸品目のなかで最も大きな売上を占めており、アメリカだけでも年間約20億ドル（約2400億円）を売り上げている。2005年には、アメリカ人は多年草に6ドル38セント、花壇用植物に17ドル15セントを費やすという統計が発表された。別の表現をすれば、アメリカだけで年間約1億2000万本のゼラニウムが栽培されているということでもある。また、非耐寒性の多年草は最低限の手入れをすれば越冬が可能だが、ゼラニウムの消費者の多くは冬の間に放置して枯らしてしまうため、ゼラニウム市場は毎年多大な利益を得ることになる。[79] ゼラニウムは室内や庭を飾るだけでなく、本書の写真や図版からもわかるように私たちの生活のいたるところにある。産院の駐車場に咲き、ショッピングモールに並ぶ「ピラミッド型のプランターを萎れながら飾り」、墓所に色を添える。[80] 公園や公共庭園に携わる造園家は八重咲きの品種ではなくもっと昆虫を引き寄せる花を植えるよう求められるが、それでも一年草の花壇が完全に消えることはない。「これほど扱いやすく、確実に花を咲かせる植物はほかにはないよ[81]」

ヴィクトリア朝の文化様式は児童文学にも残っており、その多くは子供たちが植物を育てることで経験を積むという教訓的なスタイルを忠実に守っている。1920年代、モダニストたちがゼラニウムの花壇に穴を開けている頃、シシリー・メアリー・バーカーは「花の妖精」シリーズを出版してラファエル前派の幻想的な雰囲気を再現していた。1作目は1923年に刊行され、それ以降20世紀に発表された児童文学のなかで高い人気を誇っている。「ゼラニウムの妖精」は戦時中の

1944年に『にわの妖精』［にいくらとしかず訳。偕成社］に収録された詩で、「赤い、赤い、朱のような赤い色／つぼみと花をきらきらと頭に乗せて！」と高らかに謳われる。

その名前は、だれもが知っている「ゼラニウム」
どこに咲こうと　同じように幸せ
植木鉢のなかでも　庭の花壇でも
赤い、赤い、朱のような赤い色[82]！

近年では伝統的な内容を現代風にアレンジした、ゼラニウムの順応力の高さを示す物語が子供や大人に親しまれている。祖母が老人ホームに移ることを知った孫は「おばあちゃんはゼラニウムと再会できた」と思うことで心を慰め、病気のため娘と離れて暮らすことになった母親は「夏の間、ずっとそばに置いてね。この花をママだと思って」とゼラニウムの鉢を手渡すのだ。[83] 今日、都会の子供が「お庭がほしいな」と田舎への憧れを口にすると、親は「ロンドンで庭を持つのはお金がかかる」とくぎを刺す。[84] 結局、誰もが鉢植えを眺めて安らぎを得ることで良しとしているようだ。福音派のベストセラー自己啓発作家、バーバラ・ジョンソンが言うように、「新鮮なゼラニウムを帽子に飾って憂うつな顔をするのは難しい[85]」。

シシリー・メアリー・バーカー著『にわの妖精 *Flower Fairies of the Garden*』より、「ゼラニウムの妖精」（ロンドン、1944年）。

リンダ・ニューベリー著『緑の精にまた会う日』の表紙。パム・スマイ画（オックスフォード、2010年）。

◉良い香りと嫌な咳

本書ではこれまで、鮮やかな色の花が強い印象を与える多くの事例を語ってきた。最後に、ペラルゴニウムのあまり目立たないけれども重要な部位、つまり葉や根に改めて着目したい。まずは、香りのある葉の品種から。第4章ではヴィクトリア朝の家庭でゼラニウムの葉が人気だったと述べたが、ここでは17世紀に始まった植物療法を紹介したい。

「昼下がりに広間でゼラニウムの香りを楽しんだことを覚えている?」。キャサリン・マンスフィールドは1922年、従姉妹に宛ててそんな手紙を書いた。「あの香りを楽しむには完璧な時間と場所だった気がするわ。またまったく同じ状況に戻ったとしたらどうかしら。そんな幸福を望むのは期待しすぎかもしれない。でも、私はあの日のことを永遠に忘れないでしょう」[86]。香りがもたらす効果はたいてい一時的であり、だからこそそのにおいに結びつく事柄が最も正確に思い出される。また、かすかな香りが長く抑圧されていた記憶を呼び覚ますこともあるだろう。ゼラニウムの葉の香りはレモンからショウノウまでさまざまなものに似ているが、「かつての生活の息吹」を最も鮮明に蘇らせるのは「ローズゼラニウムの刺激的な香り」だ。文豪ツルゲーネフのある物語の語り手は、「その辺に咲いている花のかすかな香りですら、人間のあらゆる喜びや不幸よりも長持ちする――それどころか人間の寿命よりも長く残るものだ」と回想する。[87]

現代小説で最もよく知られた官能的な回想場面と言えば、プルーストの『失われた時を求めて』で語り手がプチ・マドレーヌを紅茶に浸したときのくだりだろう。だが、プルーストは紅茶とプチ・

マドレーヌにたどり着く前に『サント＝ブーヴに反論する』という初期の作品で別の組み合わせも試していた。語り手は雪の降る晩に帰宅し、体を温めようと乾いたトーストと紅茶――「普段なら絶対に飲まないもの」――を口にする。

トーストをカップに浸してひと口食べ、その柔らかい食感と紅茶の香りが口中に広がった途端、何かが私を襲った。ゼラニウムとオレンジブロッサムの香り、とてつもない輝きと幸福感だ。[88]

一瞬にして季節は冬から夏へ、感覚は味からにおいへと移り変わった。ある感覚を別の感覚に置き換える共感覚はプルーストの作品によく見られる特徴であり、そこにはゼラニウムがしばしば登場する。『失われた時を求めて』の語り手は、別の場面でゼラニウムの色と味、そして「芳しい絹のような香り」を思わせる音楽を耳にする。[89] この場面ではゼラニウムが紅茶やトーストに匹敵する平凡さを象徴し、その香りが引き起こす喜びと輝きを際立たせる効果を上げている。

香りの高いゼラニウムに関する描写の多くは心地よいものだが、刺激的な葉のにおいが望まない真実をさらしてしまうこともある。ファン・フランシスコ・マンサーノはキューバでの奴隷生活を描いた自伝のなかで、ある日女主人と庭を歩いていて何気なく「ゼラニウムの小さな葉」をちぎりとったときのことを回想している。屋敷に戻ると女主人はすぐに香りに気づき、「私の手を掴んでにおいを嗅ぎ、ちぎれた葉の断片をつまんだ。その香りは山となり、茂みとなり、辺りに強いにおいを放った[90]」。よくもまあ、私の庭の香りを盗んだものね――そして彼は女主人に殴られて鼻の骨

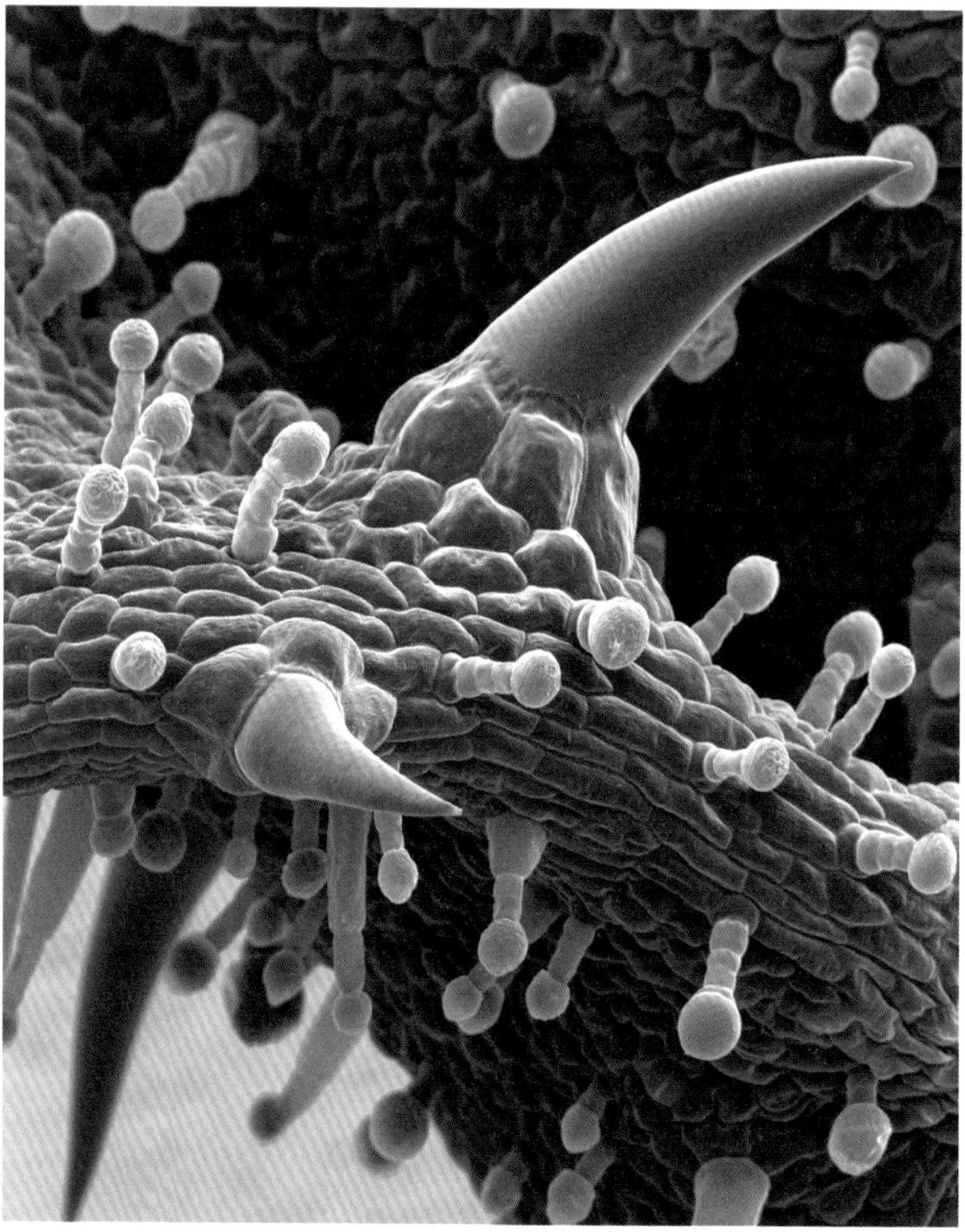

ペラルゴニウムの葉の腺毛を走査型電子顕微鏡で撮影したカラー写真。

を折る羽目になった。

この刺激的な香りは、やがて商業利用されるようになっていった。1819年、香りのある葉を持つゼラニウムの一部の品種の腺毛［植物の表面に生える毛のうち、分泌物を出すものの総称］から抽出した油に、バラの花びらから得られる油と同様の化学成分（ゲラニオール、リナロール、シトロネロール）が含まれていることをリヨンの化学者が発見する。ゼラニウムの栽培や収穫にかかる費用はバラよりもはるかに安く、1844年にプロヴァンス地方の香水の町グラース近郊に最初のゼラニウム農園が設立された。その後、フランスの植民地だったアルジェリアやモロッコ、1880年以降はレユニオン島（当時の名称はブルボン島）で生産されるようになる。現在、ゼラニウムオイルはおもに中国、エジプト、アルジェリア、モロッコで生産されており、オーストラリア、インド、南アフリカにも多くのプランテーションがある。[91]

収穫は年に2、3回、花期に手摘みで行われる。朝に葉と茎を摘み取り、1日乾燥させてから水蒸気蒸留されるのだ。使用されるのはP. capitatumと通常はP. graveolensまたはP. radensとの交配から作出された品種が多く、オイルの化学成分（および価格）は使用する品種と生育条件によって異なる。[92] 1999年のキロ当たりの価格は、安いもので中国原産の「P. graveolens」のオイルで160ドル、高額なものでモロッコ原産の「ゼラニウムローズ」の360ドルだった。[93] ゼラニウムオイルは、アメリカの女優ジョーン・クロフォードが愛用したとされるランバンの「ゼラニウム・デスパーニュ」（1925年）やフレデリック・マルから発売された「ゼラニウム・プール・ムッシュー」（2009年）などシングルノートの香水や、ロシャスの「ムスタッシュ」（1948年）、

リビアのメーカーから発売されたゼラニウムオイル。

ナイジェリアのメーカーから発売されたゼラニウムオイル。

イヴ・サンローランの「パリ」（1983年）など合成香料をブレンドした複雑な香りの香水に使用されている。ゾーナル種はフレグランスの原料にはならないが、ゼラニウムオイルを使用した商品のパッケージにはゾーナル種とすぐにわかるゼラニウムの絵がよく用いられている。

香水はフレグランス市場のごく一部に過ぎない。年間約220トンのゼラニウムオイル（年間約700万ポンド、日本円で約11億円）が多くの種類の石けん、クリーム、洗剤、芳香剤、またアロマセラピー業界で使用されるアロマオイルの原料となり[94]、飲料、アイスクリーム、焼き菓子、ジャム、チョコレートの香料や保存料としても用いられる。もっと身近なもので言えば、香りのよいゼラニウムの葉を家庭用のケーキやジャムに加え、柑橘類、バラ、ペパーミントなどのかおりを風味づけに用いることもある[95]。園芸の場合と同じく、商業用に流通しているペラルゴニウムの品種はまだ少なく、現在も「香水や食品産業、抗菌剤、殺虫剤の成分になり得る」と思われる種や変種についての研究は続行中だ[96]。

1632年にロンドンの薬剤師が「悲しきゼラニウム」（P. triste）に出会って以来、植物療法の分野も急速に発展している。近年、最も注目されているのはPelargonium sidoidesというエレガントな種で、「フリルのような灰色の葉と濃い赤紫色の花」が「趣のある」寄せ植えを求める園芸家の間で評判を呼んでいる[97]。コサ語［南アフリカ共和国の公用語のひとつ］で「ウンカロアボ［umckaloabo］」と呼ばれるP. sidoidesの根は、南部アフリカの民間療法で呼吸器系疾患の治療に昔から用いられてきた。ウンカロアボがヨーロッパで関心を持たれるようになったきっかけは、20世紀初頭にバーミンガムの若い企業家チャールズ・スティーブンスが「この植物療法で結核が治った」と

ゼラニウムを蒸留する様子。『グラースの香水産業 *L' Industrie des Parfums à Grasse*』より（1900年頃）。

ゼラニウムの葉でクラブアップルゼリーに香りをつける。

トゥルー・ボタニカ社による P. sidoides の液体抽出。

話したことだ。「スティーブンスの結核治療」はヨーロッパに広まったが、1950年代に抗生物質が登場するとその人気は下降した。だが、現在でもスティーブンスの名を知る人は多い。それは、英国医師会から「インチキ」の汚名を着せられた彼が名誉を守るために思い切った対抗策に出たことと、H・G・ウェルズが1909年に出版した小説に出てくる怪しげな強壮剤「トーノ・バンゲイ（Tono Bungay）」（Ton o' Bunk, Eh?「さっさと逃げる」に由来する）を発明した薬剤師のモデルとも言われているためだ。[98] スティーブンスは2度にわたって英国医師会を訴えたが成功せず、その後も商品を販売し続けたものの正確な組成を明かすことを拒み続けた。D・H・ロレンスは死の2年前「ウンカロアボのカプセルを指示通りに飲んだが、私には何の効果もないようだ」という手紙を妹に送っている。[99] 現在、P. sidoides を含む化合物は風邪や副鼻腔炎から気管支炎まで、さまざまな呼吸器系疾患の症状の緩和を目的としてヨーロッパ全土で販売されている。ドイツではシュワーベ製薬会社がウンカロアボという名称を商標登録し、2002年には5500万ドルの売上高を記録した。[100] 最近のコクラン［世界の医療情報を吟味、発信している組織］による系統的レビューで臨床的証拠が研究され、この製剤は「有効かもしれない」が「疑問は残る」と報告されている。[100]

終　章　変わらない赤色

精霊がヘリオトロープの甘い香りをかぐ様も
石炭紀にいと高き神が偉大なる頭脳を駆使する様も
想像するのは難しい――
たとえ神に頭脳というものがあったとしても。神は大いなる精神をぴんと張り詰めて
考える。トカゲやマストドンがうごめく苔と泥の中で
ぼんやりと、沈思する　あたり一面薄明かりの緑と茶色のなかで
「さあ、タン、タラン、タン　タン、タラン、タン、
そうら、スカーレットゼラニウムのお出ましだ！」
そんな芸当は無理だったことを、私たちは知っている。

D・H・ロレンス「赤いゼラニウムと聖なるモクセイソウ」

ヤマネは横になって、眺めていた
ゼラニウム（赤）とデルフィニウム（青）の景色を
ほしいものは何もない
デルフィニウム（青）とゼラニウム（赤）さえあれば

A・A・ミルン「ヤマネとお医者」[1]

本書の締めくくりとして、赤いゼラニウムを育て、心から慈しんだふたりの病人を紹介しよう。こう言うと、ヴィクトリア朝の道徳的な物語のように聞こえるだろうか？　たしかに、ある意味そうかもしれない。だが、このふたりの話にそこまで道徳性を感じないのは、病人のひとりの意識は広大な敷地に咲くゼラニウムに、もうひとりの意識はひと鉢のゼラニウムに強く向けられていたからなのかもしれない。

映像作家でアーティストのデレク・ジャーマンは晩年、イギリス南東部にあるダンジェネスのコテージで草花を育てながら白、赤、青、黄色についての自伝的瞑想『クロマ』〔川口隆夫、津田留美子訳。河出書房新社〕を執筆した。「赤の本質」の章で彼が回想するのは、4歳のときイタリアのマッジョーレ湖畔にあった別荘の中庭で出会ったゼラニウムの花壇だ。「この赤には境界線も障壁もなかった。赤い花は、地平線までずっと広がっていた」。50年以上にわたって、赤はジャーマンにとって多くのものと結びつく色だった。母親のマニキュア、そのマニキュアを塗った自分を見たときの父

『ゼラニウムの鉢』。アンジェロ・モルベッリ、1919年、油彩、木版。

親の顔、社会主義、信号機、日焼けで首が赤くなった労働者、愛、そして最近では湿疹の「赤く激しい痛み」、視力低下の進行を調べる検査の光、エイズウイルスの悪性細胞――だが、どんなときにも彼の根底にあったのはペラルゴニウムの「ポール・クランペル」だ。「花壇の緋色」が「市民、自治体、公共の赤」であるとすれば、同時にジャーマンの「非常に個人的な赤」でもあった。「燃えるような6月の色」であり、彼の子供時代の色だ。毎年秋に挿し木をするとき、ジャーマンはマッジョーレ湖での過去を「見る」ことができた。「ほかの色は変わる」と彼は書いた。「草は私が子供の頃に見た緑ではないし、空はイタリアの空の青ではない。すべての色は流動的だ――不変の赤以外は」[2]

　1917年に結核と診断されたキャサリン・マンスフィールドは、快適な気候と治療法を求めて各地を転々とした。1921年5月、彼女はスイスのモンタナ・シュル・シエールという村に移住し、氷河を見下ろす、松林に囲まれたバルコニーつきのシャレーに居を構える。彼女は孤独を感じて友人によく手紙を書き、ときにはゼラニウムの「世話」をしながら芽の成長を観察して過ごしたことを報告した。次はある手紙の一節だ。「今日は心躍ることがありました。旧友のサラというゼラニウムに、とうとう天使が訪れたのです。このゼラニウムには本当に『感情がある』の。新しい芽が出たことをひどく誇りに思い、すべての葉をくるりと巻いていています」[3]。だが、マンスフィールドが求めたのはゼラニウムの友情だけではなかった。ジャーマンやロレンスと同じく、彼女は輝くようなその赤に惹かれたのだ。別の手紙で、彼女は自宅のバルコニーについてこう述べている。

小さな部屋ほどの広さで、側面は囲まれ、大きな二重扉を抜けると私の仕事部屋につながっています。晴れた日には、3鉢の見事なゼラニウムを今でも棚に置くのですが、青い空を背にしたバラ色の花の塊はとても美しいものです[4]。

私は後に、この手紙の描写にそっくりの光景を描いた絵画に出会った。ミラノの点描画家アンジェロ・モルベッリが1919年に完成させた『ゼラニウムの鉢』という作品だ。マンスフィールドは絵の完成から2年後にスイスにやって来たが、私が知る限り彼女がこの絵を見たことはないようだ[5]。モルベッリはカンバス上で山と空の青の広がりをおもに表現しているが、バルコニーの繊細なデザインとテラコッタ鉢に植えられた小さな色の塊がその空間を分割している。この手法には距離感を出すだけでなく、色彩を強調する効果もあった。崇高なものは遥か遠くにあるのかもしれないが、中心から少しずれた位置にある前景のゼラニウムの鉢は独自の輝きを放っている。

謝辞

図版の収集にあたり、多くの個人や組織の惜しみないご協力をいただいた。特に以下の方々に感謝したい。インターネットサイトplantillustrations.orgのマックス・アンツゥニシャ、トゥルー・ボタニカのアリッサ・アンサローネ、ケンブリッジ大学図書館図版部門のヴァージニア・アポッツォ、クラウディオ・バシネロ、国際ゼラニウム協会会長フェイ・ブラウナー、南アフリカ国立生物多様性研究所国立植物標本館のジリアン・コンディ、ホテル「クワリー・レイク・イン」のスーザン・ゴールドスェイン、イングリッシュ・ヘリテッジのジャーヴィス・ガー、ミッドセンチュリー・ホームスタイルのリッキー・ナイマン、キュー王立植物園のリン・パーカー、シンジェンタのスティーブ・ウォーターズ／アンドリュー・コーカー／ジョディ・チャンピオン、メルボルン王立植物園のシャロン・ウィロビー。また、南アフリカのカーステンボッシュ研究所のジョン・マニングには屋外の素晴らしい写真の数々をご提供いただいた。

また、私にゼラニウムを贈ってくれたり、ゼラニウムの調査等を手伝ったりしてくれた友人や関係者にも心からの感謝を捧げたい。特にエドワード・アレン、ローズマリー・アシュトン、マット・ボーモント、エイダ・ボディ、ジャネット・ボディ、トレイシー・ボーハン、メリッサ・カラレス、デイヴィッド・コルクホーン、グレッグ・ダート、マーク・フォード、ヘザー・グレン、タグ・グロンバーグ、ジュディス・ホーリー、ベス・ハウスドン、マット・イングレビィ、アンナ・カナコワ、パトリック・ケネディ、アリソン・

ライト、トビ・メグチャイルド、シャーロット・ミッチェル、ラジェスワリ・モハン、リンダ・ニード、バーバラ・プラシド、ヴィディヤ・ラヴィ、アリ・スミス、トム・ウィー、サラ・ウッド。アンドリュー・ボディには本書の完成までずっと貴重な支援をいただいた。だが、最大の感謝を捧げるべきはいつものようにデイヴィッド・トロッターだ。

本書の執筆にあたっては、2冊のエッセイから一部引用している。1冊はマシュー・ボーモントとグレゴリー・ダートの『眠らない街 *Restless Cities*』より「Potting」(London, 2010)、pp. 212-31。もう1冊はユニバーシティ・カレッジ・ロンドン・ブルームズベリー・プロジェクトが2010年に発行した『花盛りのブルームズベリー *Bloomsbury in Bloom*』だ(www.ucl.ac. uk/bloomsbury-project.)。

訳者あとがき

「ゼラニウム」と聞いて、読者のみなさんは何を思い浮かべるでしょうか？　これまで私がゼラニウムという言葉から連想していたのはまずアガサ・クリスティの短編「青いゼラニウム」、そして真っ赤なゼラニウムの鉢植えです。

ところが、本書を訳して「どうやら私のイメージにあった『ゼラニウム』は、正確には『ペラルゴニウム』というものらしい」ということがわかりました。本書でおもに語られているのはこの「ペラルゴニウム」属についてです。もともとペラルゴニウムはゼラニウム（ゲラニウム）属にまとめられていましたが、形態の違いなどから最終的にはフランスの貴族シャルル＝ルイ・レリティエが18世紀後半にペラルゴニウム属を分離したと言われています。そのあたりの経緯は序章で詳しく説明されていますので、ぜひお読みいただければと思います。

ペラルゴニウムは南アフリカを原産とし、ヨーロッパで最初に栽培された記録は1633年の文献に見られます。その後オランダ東インド会社のケープ植民地設立、オランダ出身のオレンジ公ウィリアムのイングランド王即位などを受け、園芸熱とペラルゴニウムはヨーロッパ中に広がっていきました。イギリスでは当初、ペラルゴニウムはエキゾチックで稀少な外来植物として貴族や裕福層の間で人気を博しました。採集やカタログ製作が盛んに行われ、パーティでは最も目立つ場所に飾られ、花期になると苗木商からレンタルすることで「苔床に花や外来種の低木の鉢がずらりと並び、あたかも室内のあちこちに花壇が出現したかのようだった」（第3章より）そうです。この頃の多くの絵画や文学に登場するペラルゴニウムは富や官能の象徴、あるいは不遇のときに寄り添う友のような存在でした。

やがて、ヴィクトリア朝になって温室と鉄道網が発展し、交配や大量生産、流通拡大が促進されると、人々はペラルゴニウムに異なるふたつの役割を与えました。ひとつは「悪趣味」、「安っぽさ」、「偽物」を体現する植物として（特に赤い花をつける品種）、もうひとつは貧困層の人々の慰めとなる福音のような存在として。後者の例として、サミュエル・ハッデン・パークス副牧師がブルームズベリーの教区民を対象に1860年代に開催した「フラワーショー」が紹介されています（第4章）。この品評会は高い園芸技術を競うのが目的ではなく、「貧しい人々の生活を元気づけ、何かを世話する習慣や分別、計画性を身に着けるための手段」でした。実際に、労力と時間をかけて草花の世話をすることで多くの教区民の生活が改善され、この活動はやがてイギリス、そして世界各地に広がっていくことになります。また、小説の世界では前者のイメージから一時期冷遇されたペラルゴニウムですが、現在では再び愛らしく親しみやすい花として描かれることが多くなったのは喜ばしいことです。ヨーロッパから全世界に広がったペラルゴニウムはその時々で人間に勝手なイメージや役割を押しつけられてきましたが、この植物自体はいつの時代も変わらず人々の心を和ませ続けてきたことでしょう。結局のところ「新鮮なゼラニウムを帽子に飾って憂うつな顔をするのは難しい」（第5章より）のです。

本書『ゼラニウムの文化誌』はイギリスの出版社Reaktion Booksから刊行されているReaktion's Botanical seriesの1冊で、邦訳版は「花と木の図書館」シリーズと命名されています。ひとつの花や樹木をテーマに取り上げ、その起源や歴史、食文化、芸術への影響などを深く掘り下げる本シリーズはどれも読み応えがあるものばかりです。私がそうだったように、本書が読者のみなさんにとってゼラニウム（ペラルゴニウム）への興味や親しみを抱くきっかけになればとても嬉しく思います。

最後になりましたが、本書の訳出にあたってお世話になりました担当編集者の中村剛氏、善元温子氏に心から感謝申し上げます。

2022年5月

富原まさ江

写真ならびに図版への謝辞

図版の提供と掲載を許可してくれた以下の関係者にお礼を申し上げる。なお、一部の施設・団体名の表記を簡略化させていただいた。

Photograph by Max Antheunisse, 2003: p. 23 (foot); photo courtesy of the Ashmolean Museum Picture Library, Oxford (presented to the Ruskin Drawing School, University of Oxford, 1875): p. 109; photos by the author: pp. 25, 82, 102 (top), 122, 187, 188, 200, 215 (foot); photo Claudio Bacinello: p. 64; Badminton House, Gloucestershire: p. 50; from *Belle assemblée, being Bell's Court and Fashionable Magazine: addressed particularly to the ladies*, xx / 129 (December 1819): p. 112; photo Andrew Boddy: p. 101; from Jacob Breyne, *Exoticarum aliarumque minus cogitarum Plantarum Centuria Prima, cum figuris æneis* [. . .] *elaboratis* (Danzig, 1678): p. 44; photos © The Bridgeman Art Library: p. 120 (foot), 170, 171; British Museum, London: p. 54; photos © The Trustees of the British Museum, London: pp. 54, 79; from E. Adveno Brooke, *The Gardens of England* (London, 1857): p. 98; from *Chain Store Age* (January 1949): p. 195; from the *Chicago Daily News* (2 June 1964): p. 191; photograph from the *Chicago Sun-Times* (30 September 1951) by Mel Larson: p. 202; from Jacques-Phillipe Cornut, *Canadensium plantarum, aliarumque nondum editarum historia: cui adiectum est ad cacem enchiridion botanicum Parisiense, continens indicem plantarum* (Paris, 1635): p. 27; photo © Country Life: p. 186; from *The Cries of London, as they are daily exhibited in the street* (London, 1799): p. 123; from *Curtis's Magazine* no. 1718 (1 April, 1815): p. 56 (top); from Johann Jakob Dillenius, *Hortus Elthamensis seu plantarum rariorum icones et nomina* [. . .] *descriptarum Elthamenia in Cantio in horto viri ornatissimi atque praestantissimi Jacobi Sherard* (London, 1732): p. 48 (top); photo © Edifice / The Bridgeman Art Library: p. 9; photo Antony Edwards / ic Images Ltd: p. 180; from John Edwards, *A Collection of Flowers, drawn after Nature and Disposed in an Ornamental and Picturesque Manner* (London, 1795): p. 56 (foot); photo © English Heritage Photo Library: p. 58 (top); from *Familiar Garden Flowers figured by F. Edward Hulme, and described by Shirley Hibberd* (London, 1880): p. 4; Fitzwilliam Museum, Cambridge (Broughton Collection – photo © Fitzwilliam Museum): p. 55; from *The Floral Magazine: comprising Figures and Descriptions of Popular Garden Flowers*: pp. 105 (vol. ii, 1862), 107 (vol. vii, 1868); from

The Floral World and Garden Guide, vol. vii (July 1864): p. 102 (foot); courtesy of the Florence Griswold Museum, Old Lyme, Connecticut (photo © Christie's Images / The Bridgeman Art Library): pp. 73; from *Flower Fairies of the Garden* (London, 1944): p. 207; first published in *Flowering Plants of Africa* (South African National Biodiversity Institute), vol. 50 (Cape Town, 1989): p. 21; reproduced with permission of Mrs Susan Goldswain: p. 21; from Robert Furber, *The Twelve Months of Flowers (in 13 illuminated plates, including the title-page* (London, 1730): p. 53; Geffrye Museum, London (photo © Geffrye Museum / The Bridgeman Art Library): p. 148; from *The Graphic*: pp. 95 (issue 27, 4 June 1870), 131 (issue 780, 8 November 1884); from Félix-Edouard Guérin-Méneville, ed., *Dictionnaire pittoresque d'histoire naturelle et des phénomènes de la nature*, vii (Paris, 1833–[40]): p. 86; from Aylwin Guilmant, *England of One Hundred Years Ago* (Stroud, 1992): p. 120 (top); © David Henderson / Science Photo Library: p. 10; digital specimen images at the Herbarium Berolinense, published on the Internet http://ww2.bgbm.org/herbarium/ (Barcode: B -W 12463 -01 0/ImageId: 233330), accessed 3 Sept 2012 – © Botanic Garden and Botanical Museum Berlin- Dahlem, Freie Universität Berlin: p. 46; from Henry Hoare, *Spade Work: Or, How to Start a Flower Garden* (London, 1902): p. 157; from *Hortus Botanicus Amsterdans* (Amsterdam, 1690): p. 30; The Hunterian Museum and Art Gallery, University of Glasgow (photo © The Hunterian Museum and Art Gallery): p. 174; Hyde Collection, Glens Falls, New York (photo Michael Fredericks): p. 178; from the *Illustrated London News* (26 April 1873): pp. 125; from *L'Industrie des Parfums à Grasse*, promotional album for the Paris Exposition Universelle, 1900: p. 215 (top); from *Jenny and Her Geranium; or, The Prize Flower of a London Court* (London, 1869): p. 126; photo © Geoff Kidd / Science Photo Library: p. 203; from Charles- Louis L'Héritier, *Geraniologia, seu Erodii, pelargonii, geranii, monsoniae et grieli historia iconibus illustrata* (Paris, 1787–8): p. 45; Laing Art Gallery, Newcastle upon Tyne (photo © Tyne & Wear Archives & Museums / The Bridgeman Art Library): p. 118; photo © Lefevre Fine Art Ltd, London / The Bridgeman Art Library: p. 171; from *Little Folks: A Magazine for the Young*, no. 27: p. 129; photographs by John Manning: pp. 23 (top), 24, 28, 31; from John Martyn, *Historia Plantarum Rariorum*, 5 vols (London, 1728–37): p. 48 (foot); courtesy of *Mid-Century Home Style*: p. 197; from Abraham Munting, *Phytographia Curiosa: exhibens arborum, fruticum, herbarum & florum icones, ducentis et quadraginta quinque tabulis ad vivum delineatis ac artificiosissime æri incisis; varias earum denominationes, Latinas, Gallicas, Italicas, Germanicas aliasque* [. . .] *desumptas / collegit & adjecit Franciscus Kiggelaer* (Utrecht, 1702): p. 52; Musée d'Orsay,

Paris: p. 176; courtesy of the Museo Civico e Gipsoteco Bistolfi, Casale Monferrato: pp. 221; courtesy of the National Gallery of Art, Washington, dc: pp. 67, 172 (Chester Dale Collection); photo © Natural History Museum, London (The Endeavour Botanical Illustrations): p. 37; from Linda Newbery, *Lob* (Oxford, 2010): p. 208; from John Parkinson, *Theatrum Botanicum, The Theater of Plantes, or an Universall and Compleate Herball* (London, 1640): p. 42; private collections: pp. 120 (foot), 170, 171, 179; private collection / Ken Welsh / The Bridgeman Art Library: p. 113; from Humphry Repton, *Fragments on the Theory and Practice of Landscape Gardening, including some remarks on Grecian and Gothic Architecture* (London, 1816): p. 87; photo © Rosenfeld Images Ltd/ Science Photo Library: p. 204; courtesy of the Royal Botanic Gardens, Kew: p. 19; © Steve G. Schmeissner / Science Photo Library: p. 18; photo © Science Photo Library: p. 211; photo Science and Society Picture Library / Bridgeman Art Library: p. 182; photos © The Staple ton Collection / The Bridgeman Art Library: pp. 123, 215 (top); State Tretyakov Gallery, Moscow (image © Lebrecht Music & Arts): p. 175; from *The Story of a Geranium; or, The Queen of Morocco* (London, 1880): p. 133; from Robert Sweet, *Geraniaceae: the natural order of gerania: illustrated by coloured figures and descriptions: com - prising the numerous and beautiful mule-varieties cultivated in the gardens of Great Britain, with directions for their treatment*, vol. i (London, 1820–22): pp. 80, 83; photo © True Botanica Company: p. 216; photo courtesy of the University Library of the University of Amster dam (Special Collections Department): p. 30; Victoria and Albert Museum, London (photo © Victoria and Albert Museum): p. 58 (foot); photo Peter Willi / The Bridgeman Art Library: p. 179; photo Sharon Wil - loughby (courtesy thetomatogrower.wordpress.com): p. 110; photo © Worthing Museum and Art Gallery, Sussex / The Bridgeman Art Library: p. 159.

参考文献

Alfrey, Nicholas, Stephen Daniels and Martin Postle, eds, *Art of the Garden: The Garden in British Art, 1800 to the Present Day* (London, 2004)

Brawner, Faye, *Geraniums: The Complete Encyclopedia* (New York, 2003)

Conder, Susan, *The Complete Geranium: Cultivation, Cooking and Crafts* (New York, 1992)

Elliott, Brent, *Victorian Gardens* (Portland, OR, 1986)

Fraser, Mike, and Liz Fraser, *The Smallest Kingdom: Plants and Plant Collectors at the Cape of Good Hope* (London, 2011)

Harwood, Catherine, *Potted History: The Story of Plants in the Home* (London, 2007)

Key, Hazel, *1001 Pelargoniums* (London, 2003)

Laird, Mark, and Alicia Weisberg-Roberts, eds, *Mrs Delany and her Circle* (New Haven, CT, 2009)

Lis-Balchin, Maria, ed., *Geranium and Pelargonium* (London, 2002)

Miller, Diana, *Pelargoniums* (London, 1996)

Joan Morgan and Alison Richards, *A Paradise out of a Common Field: The Pleasures and Plenty of the Victorian Garden* (London, 1990)

Saunders, Gill, *Picturing Plants* (Berkeley, CA, 1995)

Uglow, Jenny, *A Little History of British Gardening* (London, 2004)

Walt, J.J.A. van der, and P. J. Vorster, with illustrations by Ellaphie Ward-Hilhorst, *Pelargoniums of Southern Africa*, 3 volumes (1977–1988)

Wilkinson, Anne, *The Passion for Pelargoniums* (Stroud, 2007)

Willesdon, Clare A. P., *In the Gardens of Impressionism* (New York, 2004)

1844年	フランスのプロヴァンスで初めてローズゼラニウムのプランテーションが設立され、ゼラニウムオイルの生産が始まる。
1859年	チャールズ・ダーウィン著『種の起源』で、ペラルゴニウム属の「複雑な」交配について言及される。
1967年	初のF1種子品種が市販される。
1977～88年	20年にわたるペラルゴニウム属の研究の結果、『南アフリカのペラルゴニウム *Pelargoniums of Southern Africa*』全3巻が出版される。
2006年	P. x hortorumの葉緑体ゲノムが公開される。
2011年	『ペラルゴニウム栽培品種の国際登録およびチェックリスト *International Register and Checklist of Pelargonium Cultivars*』に、1万6000品種以上が掲載される。

年表

1800万年前	DNA鑑定により、ペラルゴニウムはこの時期に発生したとされている。
1000～200万年前	ペラルゴニウム属の異なる種が出現、分散し、最大の多様化期を迎える。
紀元1千年紀	アフリカ南部のコイサン族やバンツー族が、ペラルゴニウムを薬草として用い始める。
1621年	ペラルゴニウムの最初の記録は、ルネ・モランの植物目録に掲載された P. triste である。
1672年	パウル・ヘルマンがテーブルマウンテンで「リーガル」種の祖先となる Pelargonium cucullatum を採取する。
1690年	「ゾナール」種の祖先とされる Pelargonium zonale の挿絵が、『アムステルダム植物園 *Hortus Botanicus Amsterdans*』に掲載される。
1700年	アイビーゼラニウム（Pelargonium peltatum）がケープからアムステルダムに送られる。
1714年	現在の「ゾナール」種のもうひとつの祖先、Pelargonium inquinans がフラム宮殿の庭園で栽培されていたことが記録される。
1732年	ディレンが『エルサムの庭園 *Hortus Elthamensis*』に収録された7種類の「アフリカのゼラニウム」を「ペラルゴニウム」と名づける。
1753年	リンネの『植物誌』においては、ペラルゴニウム属がゼラニウム属と異なる属だという認識はない。
1772年	フランシス・マッソンが初の公式プラントハンターとしてキューガーデンに雇われ、ペラルゴニウム属102種を採集する。
1782～92年	シャルル＝ルイ・レリティエが植物学上ペラルゴニウム属の分離を確立する。
1820～30年	ロバート・スウィートによる『フウロソウ科全集 *Geraniaceae*』全5巻が出版される。

注

序章　魅力的な花の名は

1　Bosley Crowther, 'Honeymoon', *New York Times* (19 May 1947).

2　'I Love Geraniums', music by Leigh Harline and lyrics by Mort Greene. ゼラニウムへの愛を歌っている（もちろん吹き替えだが）にもかかわらず、テンプルの名を冠したゼラニウムはない。八重咲きの白いシャクヤクには「シャーリー・テンプル」という品種がある。

3　Wallace Stevens, 'Notes on a Supreme Fiction', in *Collected Poetry and Prose* (New York, 1997), p. 338.

4　'The Point of View', *Scribner's Magazine*, lvi/1 (1914), pp. 130–31.

5　Ed Dorn, 'Geranium', *The Newly Fallen* (New York, 1961), p. 4.

6　'Dove's Foot' (also a reference to the five elongated seedheads) was another common name. Culpeper's *English Physician and Complete Herbal* (London, 1653), p. 72.

7　Quoted in William J. Webb, *The Pelargonium Family* (London, 1984), p. 6. ギリシャ語でツルは geranós、コウノトリは pelargós である。ゼラニウム科の第3属であるエロディウムは、サギ (*erodiós*) にちなんで命名された。この科には、モンソニア属（*Sarcocaulon* を含む「場合もある」）と *Hypsechocharis* も含まれる。アラステア・カルハムの著緒にあるように、「フウロソウ科の分類は一貫しておらず、その関係性もいまだに不確かだ」。'Geraniaceae', in V. H. Heywood, R. K. Brummit, A. Culham, A. and O. Seberg, *The Flowering Plants of the World* (London, 2007), p. 255.

8　Carl Linneaus, *Species Plantarum: A Facsimile of the First Edition, 1753*, vol. ii (London, 1959), pp. 676–83.

9　44枚の無彩色板が1792年に『フウロソウ *Geraniologia*』として出版された。原稿の一部はジュネーヴの国立植物園が所蔵している。

10　さらに事をややこしくしたのは、アフリカ南部ではこの植物がアフリカーンス語で「マルヴァ」と呼ばれるようになったことだ。そのため「この植物がゼラニウム科ではなく、アオイ科のマルヴァ属であるかのような印象を与える」ことになった。 J.J.A. van der Walt and Ellaphie Ward-Hilhorst, *Pelargoniums of Southern Africa* (Cape Town, 1977), p. ix.

11 Henry C. Andrews, *Geraniums* (London, 1805–6), Introduction. Other catalogues of the period distinguish 'Geranium' from 'Geranium. Pelargonium'. See, for example, Dickinson and Co.'s Catalogue of Hot-house, Green-house, Hardy, and Herbaceous Plants: Flowering and Evergreen Shrubs, Fruit and Forest Trees (Edinburgh, 1794).

12 M. H. Abrams, *The Mirror and the Lamp* (Oxford, 1953), p. 312.

13 William Wordsworth, 'A Poet's Epigraph', in *The Major Works* (Oxford, 2000), p. 151; Ralph Waldo Emerson, 'Blight', in *The New Oxford Book of American Verse*, ed. Richard Ellmann (Oxford, 1976), p. 77.

14 John Ruskin, Preface to Second Edition of *Modern Painters*, vol. i (London, 1857), p. xxxiii.

15 Leigh Hunt, 'A Flower for Your Window', *Leigh Hunt's London Journal* (17 September 1835), p. 193.

16 Derek Jarman, *Modern Nature* (London, 1991), p. 11.

17 Christopher Lloyd, *The Adventurous Gardener* (London, 2011), p. 121.

18 Diana Miller, *Pelargoniums* (London, 1996), p. 23; Hazel Key, *Pelargoniums* (London, 1993), p. 5.

19 See, for example, Derek Lee, 'Pelargonium or Geranium', *Pelargonium and Geranium News*, 5 (Spring 2010), pp. 25–7 and, in response, Diane O'Brien, 'Pelargonium or Geranium', *Pelargonium and Geranium News*, 7 (Autumn 2010), p. 7.

第1章　アフリカから世界へ

1 Frédéric-Emmanuel Demarne, '"Rose-scented Geranium": A *Pelargonium* Grown for the Perfume Industry', in *Geranium and Pelargonium*, ed. Maria Lis-Balchin (London, 2002), p. 194.

2 Cynthia S. Jones et al., 'Leaf Shape Evolution in the South African Genus Pelargonium L' Hér. (Geraniaceae)', *Evolution*, lxiii/2 (2009), pp. 479–97.

3 Recent research (by Manning, Goldblatt, Struck, Van der Walt and Bakker) is summarized in Omar Fiz et al., 'Phylogeny and Historical Biogeography of Geraniacae in Relation to Climate Changes and Pollination Ecology', *Systematic Botany*, xxxiii/2 (2008), pp. 326–42.

4 Peter Goldblatt and John C. Manning, 'Plant Diversity of the Cape Region of Southern Africa', *Annals of the Missouri Botanical Gardens*, 89 (2002), p. 293.

5 Ibid., pp. 297–8.

6 Marianne North, *Abundant Beauty: The Adventurous Travels of Marianne North, Botanical Artist* (Vancouver, 2010), pp. 195–6.

7 Charles Darwin, *The Annotated Origin: A Facsimile of the First Edition of On the Origin of Species* (Cambridge, ma, 2009), p. 490. [チャールズ・ダーウィン著『種の起源』] ダーウィン自身、1836年に短期間ケープを訪れた。

8 Goldblatt and Manning, 'Plant Diversity of the Cape Region', pp. 295, 283.

9 John Manning, *Field Guide to Fynbos* (Cape Town, 2007), p. 15.

10 Ibid., p. 14.

11 Custodians of Rare and Endangered Wildflowers (crew) Programme, at www.sanbi.org に2012年5月28日に最終アクセス。*The Red List of South African Plants 2011*, at http://redlist.sanbi.org に2012年5月28日に最終アクセス。

12 New South Wales Endangered Species Listing, at www.environment.nsw.gov.au, last accessed 28 May 2012; The iucn Red List of Threatened Species, at www.iucnredlist.org, last accessed 28 May 2012.

13 Manning, *Field Guide to Fynbos*, p. 22. See also F. T. Bakker et al., 'Nested radiation in Cape Pelargonium', in *Plant Species-level Systematics*, ed. Bakker et al. (Rugell, 2005); G. A. Verboom et al., 'Origin and Diversification of the Greater Cape Flora', *Molecular Phylogenetics and Evolution*, 51 (2009), pp. 44–53; Jan Schnitzler et al., 'Causes of Plant Diversification in the Cape Biodiversity Hotspot of South Africa', *Systematic Biology*, 60 (2011), pp. 1–15; Ben H. Walker et al., 'Consistent Phenological Shifts in the Making of a Biodiversity Hotspot: The Cape Flora', *BMC Evolutionary Biology* (2011), p. 39.

14 F. T. Bakker et al. 'Phylogenetic relationships within *Pelargonium* sec. *Pesistera (Geraniaceae)* inferred from nrdna and cpdna sequence comparisons', *Plant Systematics and Evolution*, 211 (1998), pp. 273–87.

15 Omar Fiz et al., 'Phylogeny and Historical Biogeography of Geraniacae', p. 326 (Abstract).

16 Diana Miller, 'The Taxonomy of *Pelargonium* Species and Cultivars, their Origins and Growth in the Wild', in *Geranium and Pelargonium*, ed. Lis-Balchin, p. 65.

17 Mike Fraser and Liz Fraser, *The Smallest Kingdom: Plants and Plant Collectors at the Cape of Good Hope* (London, 2011), p. 20.

18 Thomas Johnson, *The Herball or Generall Historie of Plantes* (London, 1633), p. 948.

19 Arthur Macgregor, *Tradescant's Rarities* (Oxford, 1983), p. 20.

20 Prudence Leith-Ross, 'A Seventeenth-century Paris Garden', *Garden History*, xxi/2 (Winter 1993), p. 156.

21 John Parkinson, *Theatrum Botanicum* (London, 1640), p. 709.

22 Jacques-Phillipe Cornut, *Canadensium plantarum* (Paris, 1635), ch. 44. この植物は、やはりモランの顧客であったジョン・イーヴリンの『ブリタニアの楽園の地 *Elysium Britannicum*』や、ストランドにあったウィリアム・ルーカスの園芸店で1677年に製作されたカタログにも掲載されている。 John Evelyn, *Elysium Britannicum, or The Royal Gardens, ed. John E. Ingram* (Philadelphia, 2001), p. 109; John Harvey, *Early Gardening Catalogues* (London, 1972), p. 23.

23 Fraser and Fraser, *The Smallest Kingdom*, p. 167. P. triste の塊茎は直径10センチ、長さ35cm だったとされる。 see Webb, *The Pelargonium Family*, p. 9.

24 Culpeper, *English Physician and Complete Herbal*, p. 73.

25 Parkinson, *Theatrum Botanicum*, p. 709.

26 J.J.A. van der Walt, with illustrations by Ellaphie Ward-Hilhorst, *Pelargoniums of Southern Africa* (Cape Town, 1977), vol. i, pp. 3, 5, 12, 20, 23, 26, 33, 40, 46. Manning, Field Guide to Fynbos, p. 182.

27 James Petiver, 'Some Farther Account of Diverse Rare Plants', *Philosophical Transactions*, vol. xxvii (1710–11), p. 420.

28 Ray Desmond, *Kew: A History of the Royal Botanic Gardens* (London, 1995), p. 91.

29 1710年には、さらに10種が加わった。Diana Miller, *Pelargoniums* (London, 1996), p. 16.

30 David Jacques and Arend Jan van der Horst, T*he Gardens of William and Mary* (London, 1988), p. 169.

31 植物園を設立する前、ハイデコペルはケープ原産植物の導入を制限しようと考えていたが、やがて積極的に受け入れるようになる。Harold Cook, *Matters of Exchange: Commerce, Medicine and Science in the Dutch Golden Age* (New Haven, ct, 2007), p. 321.

32 Wilfrid Blunt and William T. Stearn, *The Art of Botanical Illustration* (London, 1994), p. 153.

33 D. O. Wijnands, *The Botany of the Commelins* (Rotterdam, 1983), p. 108.

34 Anne Wilkinson, *The Passion for Pelargoniums* (Stroud, 2007), p. 24.

35 Jacques and van der Horst, *The Gardens of William and Mary*, p. 179.
36 Desmond, *Kew*, p. 107.
37 Sue Minter, *The Apothecaries' Garden* (Stroud, 2008), p. 12.
38 Sandra Morris, 'Legacy of a Bishop (Part 2): The Flowers of Fulham Palace Gardens Introduced, 1675–1713', *Garden History*, xxi/1 (Summer 1994), p. 18; Alice M. Coats, 'The Hon. and Revd Henry Compton, Lord Bishop of London', Garden History, iv/3 (Autumn 1976), p. 19.
39 Molly McClain, *Beaufort: The Duke and his Duchess, 1657–1715* (New Haven, ct, 2001), p. 211.
40 Jacques and van der Horst, *The Gardens of William and Mary*, p. 173.
41 Douglas Chambers, '"Storys of Plants": The Assembling of Mary Capel Somerset's Botanical Collection at Badminton', *Journal of the History of Collections*, ix/1 (1997), p. 51.
42 同前 p. 47.
43 Jenny Uglow, *A Little History of British Gardening* (London, 2004), p. 109.
44 McClain, *Beaufort*, pp. 210–11.
45 同前 pp. 212–13; Minter, *The Apothecaries' Garden*, p. 12.
46 James Petiver, 'An Account of Divers Rare Plants', *Philosophical Transactions*, vol. xxvii (1710–11), p. 392.
47 John Aubrey, *Aubrey's Natural History of Wiltshire*, ed. John Britton (Newton Abbott, 1969), p. 93. His source was 'Mr Watts, gardener of the Apothecary's garden at Chelsey, and other botanists'.
48 Petiver, 'Some Farther Account', pp. 420–21.
49 Tim Fulford, Debbie Lee and Peter J. Kitson, *Literature, Science and Exploration in the Romantic Era* (Cambridge, 2004), p. 91.
50 Quoted in Frank R. Bradlow, 'Introduction' to *Francis Masson's Account of Three Journeys at the Cape of Good Hope, 1772–1775* (Cape Town, 1994). p. 63.
51 Francis Masson's Account, p. 111.
52 Mia C. Karstan, 'Masson's Journeys at the Cape', *Journal of South African Botany*, xxiv/4 (October 1958), p. 185.
53 *Francis Masson's Account*, p. 135.
54 Miller, *Pelargoniums*, p. 18; Bradlow, Introduction to *Francis Masson's Account*, p. 53; Fraser and Fraser, The Smallest Kingdom, pp. 87, 90.
55 Mary Gribbin and John Gribben, *Flower Hunters* (Oxford, 2008), pp. 124–5.

56 Bradlow, Introduction to *Francis Masson's Account*, p. 63.

57 Fraser and Fraser, *The Smallest Kingdom*, p. 120.

58 Desmond, *Kew*, p. 107.

59 Quoted in Christopher Irmscher, *The Poetics of Natural History* (New Brunswick, nj, 1999), p. 13.

60 同前 p. 25. On British geraniums in India, see Eugenia Herbert, *Flora's Empire* (Philadelphia, 2011).

61 Barbara Wells Sarudy, *Gardens and Gardening in the Chesapeake, 1700–1805* (Baltimore, md, 1998), pp. 18, 163.

62 Ann Leighton, *American Gardens in the Eighteenth Century* (Boston, ma, 1976), p. 283.

63 Grant Thorburn, *Forty Years' Residence in America* (Boston, ma, 1834), p. 74. Lydia Maria Child, *Letters from New York* (New York, 1843), p. 53. ソーバーンは、1830年に出版されたジョン・ガルトの小説『ローリー・トッド』に登場するローリーのモデルになった人物だ。

64 William Cobbett, *The American Gardener* (London, 1821), no. 349.

65 See www.calflora.org and Ken Owen, 'An Island Called Santa Cruz: Removing Invasives on the Channel Islands', *Cal-IPC News*, xii/2 (Summer 2004), p. 5. Alan Weisman describes 'feral geraniums' in Northern Cyprus. *The World Without Us* (New York, 2007), p. 97.

第2章　新たな友

1 Bengt Jonsell, 'Linnaeus, Solander and the Birth of Global Plant Taxonomy', *Enlightening the British*, ed. R.G.W. Anderson et al. (London, 2003), pp. 92–3.

2 Lisbet Koerner, *Linnaeus* (Cambridge, ma, 1999), pp. 39–40.

3 Ann B. Shteir, 'Gender and "Modern" Botany in Victorian England', *OSIRIS*, 2nd series, 12 (1997), p. 29.

4 Wilfrid Blunt and William T. Stearn, *The Art of Botanical Illustration* (London, 1994), p. 326.

5 Gill Saunders, *Picturing Plants* (Berkeley, ca, 1995), p. 96.

6 First cultivated at Chelsea in 1724, the plant was known as 'Geranium africanum arborescens, malvae florio'. William T. Aiton, *Hortus Kewensis*, 2nd edn (London, 1812), vol. iv, pp. 174–5.

7 Paul Hulton and Lawrence Smith, *Flowers in Art from East and West* (London,

1979), p. 13. See also Mark Laird, 'The Congenial Climate of Coffeehouse Horticulture', in *The Art of Natural History*, ed. Therese O'Malley and Amy R. W. Meyers (Washington, dc, 2008), pp. 231-4. 図版制作に用いた板はこの雑誌の購読者に贈られ、本書にある P. papilionaceum は植物学者ウィリアム・シェラルドが受け取った。

8 第2巻には、キキウスに教えを受けたバドミントン村の園丁、ダニエル・フランクコムの絵が収録されている。Gloria Cottesloe and Doris Hunt, *The Duchess of Beaufort's Flowers* (Exeter, 1983), pp. 9–10; Molly McClain, *Beaufort: The Duke and his Duchess, 1657–1715* (New Haven, ct, 2001), pp. 213–14; Blunt and Stearn, The Art of Botanical Illustration, p. 146.

9 Saunders, *Picturing Plants*, p. 48.

10 Mark Laird, 'The Culture of Horticulture: Class, Consumption and Gender in the English Landscape Garden', in *Bourgeois and Aristocratic Cultural Encounters in Garden Art, 1550–1850,* ed. Michael Conan (Washington, dc, 2002), p. 242. See also John Harvey, *Early Gardening Catalogues* (London, 1972), pp. 176–82.

11 Laird, 'The Congenial Climate of Coffeehouse Horticulture', p. 234.

12 Saunders, *Picturing Plants*, p. 104.

13 *Inquians* also featured in the January selection. Other pelargoniums were available in July, September and October.

14 Alicia Wiesberg-Roberts, 'Introduction (1) Mrs Delany from Source to Subject', in *Mrs Delany and her Circle*, ed. Mark Laird and Alicia Weisberg-Roberts (New Haven, ct, 2009), p. 9.

15 Delany, quoted in Ruth Hayden, *Mrs Delany: her Life and Her Flowers* (London, 1980), pp. 112, 131.

16 Blunt and Stearn, *The Art of Botanical Illustration*, p. 174.

17 Erasmus Darwin, *The Botanic Garden, Part II: Containing the Loves of the Plants, a Poem* (Lichfield, 1789), vol. ii, p. 61.

18 Maria Zytaruk, 'Mary Delany: Epistolary Utterances, Cabinet Spaces and Natural History', in *Mrs Delany and her Circle*, p. 134.

19 Lisa Ford, 'A Progress in Plants: Mrs Delany's Botanical Sources', in *Mrs Delany and her Circle*, pp. 216–220.

20 David Elliston Allen, *The Naturalist in Britain* (Princeton, nj, 1976), p. 38.

21 Mark Laird, 'Mrs Delany's Circle of Cutting and Embroidery in Home and Gar-

den', in *Mrs Delany and Her Circle*, p. 163.

22 Harvey, *Early Gardening Catalogues*, pp. 56, 111.

23 Laird, 'Mrs Delany's Circle', p. 166.

24 Mary Russell Mitford, *Our Village* (London, 1832), vol. v, p. 129.

25 Saunders, *Picturing Plants*, p. 111.

26 See Wiesberg-Roberts, 'Introduction (1)', p. 7, figure 11.

27 ダービー磁器会社のスープチュリーンの蓋に描かれた植物は、ハート型の葉を持つ *P. cordifolium* と香りの高い *P. graveolens* だ。On Edwards, see Saunders, *Picturing Plants*, pp. 55–8.

28 Amanda Vickery, *Behind Closed Doors: At Home in Georgian England* (New Haven, ct, 2009), p. 176.

29 Samantha George, *Botany, Sexuality and Women's Writing, 1760–1830* (Manchester, 2007), ch. 2.

30 Jean-Jacques Rousseau, quoted in Amy M. King, *Bloom: The Botanical Vernacular in the English Novel* (Oxford, 2003), p. 50.

31 Janet Browne, 'Botany for Gentlemen: Erasmus Darwin and *The Loves of the Plants*', *Isis*, lxxx/4 (December 1989), p. 597.

32 Richard Polwhele, *The Unsex'd Females* (1798), note to l. 33, in *Revolutions in Romantic Literature*, ed. Paul Keen (Toronto, 2004), p. 269. Polwhele's primary target is Mary Wollstonecraft.

33 もとになったのは、友人の娘への植物学の手引きとして書かれたルソーの『基本的な植物学についての手紙 *Lettres élémentaires sur la botanique* 』だ。この本は1785年にトマス・マーティンによって英訳された。See Shteir, 'Gender and "Modern" Botany', p. 35.

34 Priscilla Wakefield, *An Introduction to Botany, in a Series of Familiar Letters*, 5th edn (London, 1807), p. 120.

35 [Maria Elizabeth Jackson], *Botanical Dialogues, between Hortensia and her Four Children* (London, 1797), pp. 178–9.

36 Browne, 'Botany for Gentlemen', p. 614.

37 同前 pp. 600, 596. See also King, *Bloom*.

38 Frances Arabella Rowden, *A Poetical Introduction to the Study of Botany* (London, 1801), pp. 189–90.

39 Christine Battersby, *Gender and Genius* (London, 1989), p. 71.

40 William Cowper, *The Task*, Book 3, l. 578 (London, 1855), p. 113.

41 この前には「腰 (hips) も優美な曲線を描く」という節があり、唇 (lips) と韻を踏んでいる。 Robert Rabelais, *A Nineteenth Century, and Familiar History of the Lives, Loves, and Misfortunes, of Abeillard and Heloisa* (London, 1814), p. 76.

42 Bob Dylan, *Blonde on Blonde* (Columbia, 1966).［ボブ・ディランのアルバム『ブロンド・オン・ブロンド』］

43 Thomas Erskine, *The Geranium* (London, 1795), pp. 1-4. この詩はそれまで作者不詳のまま伝わったり、「温かくも優雅な詩」と誤って解釈されて *The Festival of Love* (Dublin, 1789)、*The Amorous jester* (London, 1785)、*The Cabinet of Love* (London, 1792) などの選集に収録されたりしていた。

44 Polwhele, *The Unsex'd Females*, l. 29.

45 Thomas P. Slaughter, *The Natures of John and William Bartram* (New York, 1996), pp. 63–4.

46 Alexander Nemerov, *The Body of Raphaelle Peale* (Berkeley, ca, 2001), p. 18.

47 *Thomas Jefferson's Garden Book, 1776–1824*, ed. Edwin Morris Betts (Philadelphia, 1944), p. 383.

48 1807年11月、ジェファーソンは孫娘マーサに、「鉢植えのゼラニウムに小枝を挿した」と書き送っている。同前 p. 354.

49 Margaret Bayard Smith, *The First Forty Years of Washington Society*, ed. Gaillard Hunt (New York, 1906), p. 385.

50 *Thomas Jefferson's Garden Book*, pp. 382–3.

51 Carol Eaton Soltis, 'Rembrandt Peale's "Rubens Peale with a Geranium": A Possible Source in David Teniers the Younger', *American Art Journal*, xxxiii/1–2 (2002), pp. 12, 15.

52 Nemerov, *The Body of Raphaelle Peale*, pp. 18–19.

53 同前 p. 119. Copies of the 'Peale Pot' are sold by Guy Wolff pottery, at www.guywolff.com に2012年5月28日に最終アクセス。

54 Charlotte Murray, *The British Garden* (1799), quoted in Elizabeth A. Dolan, *Seeing Suffering in Women's Literature of the Romantic Era* (Aldershot, 2008), p. 107.

55 Jean-Jacques Rousseau, *Reveries of the Solitary Walker*, trans. Russell Goulbourne (Oxford, 2011), p. 72.

56 Charlotte Smith, 'To the Goddess of Beauty', quoted in Dolan, *Seeing Suffering*, p. 115.

57 Charlotte Smith, *Minor Morals*, quoted in Dolan, *Seeing Suffering*, p. 109. 植物はしばしば「軽薄さや怠惰」、また「悪習慣」という危険を防ぐ手段とされた。Wakefield, *An Introduction to Botany*, p. v.

58 Cowper, The Task, Book 3, ll. 566–9, p. 112.

59 Charlotte Smith, *Conversations Introducing Poetry* (London, 1804), p. 117. 南半球原産のペラルゴニウムは、ヨーロッパでは冬に開花する。

60 Jane Austen, *Mansfield Park* (Harmondsworth, 1984), pp. 46, 173, 174.［ジェーン・オースティン著『マンスフィールド・パーク』］

61 Cowper, *The Task*, Book 3, l. 675, p. 117.

62 Judith W. Page and Elise L. Smith, *Women, Literature, and the Domesticated Landscape: England's Disciples of Flora, 1780–1870* (Cambridge, 2011), p. 221.

63 Smith, *Conversations Introducing Poetry*, p. 117.

64 この東向きの場所のくだりはジェーン・ラウドンの引用だが、彼女は「背が高く広がるように咲いたゼラニウムの華やかな花を、東側の窓辺に飾る」ことを勧めている。だが、「5、6鉢以上になると窓が温室のようになってしまい、あまり好ましいとは言えない。特に田舎では」。*The Lady's Country Companion; or How to Enjoy a Country Life Rationally*, 2nd edn (London, 1846), pp. 18-19.

65 Austen, *Mansfield Park*, pp. 384, 421.［オースティン著『マンスフィールド・パーク』］

66 同前 p. 282.

67 Barbara Hardy, 'The Objects in *Mansfield Park*', in *Jane Austen: Bicentenary Essays*, ed. John Halperin (Cambridge, 1975), p. 184.

68 Emily Dickinson, *The Complete Poems* (London, 1986), p. 234; *The Letters of Emily Dickinson*, ed. Thomas H. Johnson (Cambridge, ma, 1958), p. 235.［『エミリ・ディキンスンの手紙』山川瑞明、武田雅子編訳／弓書房／1984年］

第3章　交配の歴史と花壇の進化

1 Sir James Edward Smith], 'Masson (Francis)', in E*ncyclopaedia Londinensis*, vol. xiv (London, 1816), p. 515.

2 Jenny Uglow, *A Little History of British Gardening* (London, 2004), p. 198.

3 Robert Sweet, *Geraniaceae*, 5 vols (London, 1820–30), i, no. 4, 31, 81. These are all hybrids of P. cucullatum.

4 R.Todd Longstaffe-Gowan, 'James Cochran: Florist and Plant Contractor to Re-

gency London', *Garden History*, xv/1 (Spring 1987), p. 61.

5 Sweet, *Geraniaceae*, vol. i, no. 92.

6 Ray Desmond, *A Celebration of Flowers: Two Hundred Years of Curtis's Botanical Magazine* (London, 1987), p. 61. The National Trust has recently reestablished part of Colt Hoare's pelargonium collection at Stourhead.

7 William Cobbett, *The English Gardener* (Oxford, 1980), p. 240.

8 1824年、ドゥ・カンドールは属を12節に細分化した。William Harvey's *Flora Capensis* (1860) increased this to fifteen, and a sixteenth section was recognized by Dreyer et al. in 1992. Dreyer et al., 'Subdivision of *Pelargonium* sect *Cortusina* (Geraniaceae)', *Plant Systematics and Evolution*, 183 (1992), pp. 83–97. See also Miller, 'The taxonomy of *Pelargonium* species and cultivars' (which updates her 1996 book *Pelargoniums*), and F. T. Bakker et al., 'Phylogeny of *Pelargonium* (Geraniaceae) Based on dna Sequences from Three Genomes', *Taxon*, 53 (2004), pp. 17–28.

9 スウィートの初期の交配種を再現する試みは、現在も続いている。at www.geraniaceae-group.org に2012年5月28日に最終アクセス。

10 William Makepeace Thackeray, *Vanity Fair* (Oxford, 2008), p. 44.

11 Maggie Campbell-Culver, *The Origin of Plants* (London, 2001), p. 156.

12 Anne Wilkinson, *The Passion for Pelargoniums* (Stroud, 2007), p. 87.

13 この本はアルファベット順になっており、「スカーレットゼラニウム（scarlet geranium）」のページにはペレキヌス科のハチ（pelecinid wasp）の絵も描かれている。T.d.B, 'Pelargonion', in *Dictionnaire pittoresque d'histoire naturelle et des phénomènes de la nature*, ed. F. E. Guérin-Meneville (Paris, 1833–9), vol. vii, pp. 228-31. See also Sweet, Geraniaceae, vol. i, No. 32 and No. 83; Wilkinson, The Passion for Pelargoniums, p. 100.

14 Mary Woods and Arete Swartz Warren, *Glass Houses* (London, 1988), p. 91.

15 Humphry Repton, *The Landscape Gardening and Landscape Architecture of the Late Humphry Repton*, ed. J. C. Loudon (London, 1840), p. 217.

16 Mike Fraser and Liz Fraser, *The Smallest Kingdom: Plants and Plant Collectors at the Cape of Good Hope* (London, 2011) p. 117.

17 Cobbett, The English Gardener, p. 39; Repton, *The Landscape Gardening*, p. 217.

18 Thackeray, *Vanity Fair*, p. 532.

19 Leigh Hunt, *The Descent of Liberty: A Mask* (London, 1815), p. 28.

20 小説に描かれた温室での陶酔と言えば、ギ・ド・モーパッサンの『ベラミ』でヴァルテール夫人が「奇妙な熱帯植物のいやな香り」に触れた後に陥る「もうろうとした不思議な夢」に勝るものはないだろう。*Bel-Ami* (1885), trans. Douglas Parmée (Harmondsworth, 1974), p. 401. 2008

21 George Eliot, *The Mill on the Floss* (Oxford,), p. 441.

22 同前 pp. 442, 363, 521.

23 Charles Dickens, *David Copperfield* (Oxford, 2008), pp. 5, 20, 611.［チャールズ・ディケンズ著『デイヴィッド・コパフィールド』］

24 同前 p. 385.

25 同前 pp. 281, 681, 846; Amy M. King, *Bloom: The Botanical Vernacular in the English Novel* (Oxford, 2003), p. 141.

26 J. C. Loudon, *The Green-house Companion* (London, 1824), Preface. ラウドンは1816年、ガラスに取りつける錬鉄製の曲がったさんで特許を取得した。さらに1830年代には板ガラスの製造に着手している。

27 同前 p. 153.

28 Uglow, *A Little History*, p. 178.

29 Brent Elliott, *Victorian Gardens* (Portland, OR, 1986), p. 12.

30 George and Weedon Grossmith, *The Diary of a Nobody* [1892] (London, 1999), pp. 11, 22.

31 J. C. Loudon, *The Suburban Gardener and Villa Companion* (London, 1838), p. 9.

32 同前 pp. 356, 109–10.

33 Elliott, *Victorian Gardens*, pp. 13, 135.

34 Miriam Rothschild, *The Rothschild Gardens* (London, 1996), p. 132.

35 Loudon, *The Suburban Gardener*, p. 213, 229.

36 See Michael Waters, *The Garden in Victorian Literature* (Aldershot, 2008), ch. 1.

37 Repton, *The Landscape Gardening*, p. 365.

38 Loudon, *The Suburban Gardener*, p. 164.

39 Loudon, *The Green-house Companion*, p. 3.

40 H.R.C., *One Trial: A Novel* (London, 1860), vol. 1, p. 278.

41 Uvedale Price, 'Essay on Architecture and Buildings', in *Essays on the Picturesque* (London, 1810), vol. ii, p. 255.

42 Leigh Hunt, 'A Flower for Your Window', *Leigh Hunt's London Journal* (17 September 1835), p. 193.

43 'Cereus Traingularis', *The Florist's Journa*l (1 January 1841), p. 1.

44 *Goethe's Theory of Colours*, trans. Charles Lock Eastlake (London, 1840), pp. 28, 323. Complementary colour theory was later 'given the force of law' in *De la loi du contraste simulatané des couleurs* (1838) by Michel-Eugène Chevruel, head of the dyeing department at the Royal Gobelins tapestry works in Paris. John Gage, *Colour in Art* (London, 2006), p. 49.

45 Hunt, 'A Flower for Your Window', p. 193.

46 Coventry Patmore, 'The Morning Call', in *The Angel in the House* (London, 1863), p. 56.

47 S. W. Patridge, *Our English Months* (London, 1862), p. 132.

48 Elizabeth Gaskell, *Wives and Daughters* [1866], (London, 1996), p. 15.

49 Elliott, *Victorian Gardens*, pp. 90, 146; Anne Wilkinson, The Victorian Gardener (Stroud, 2006), p. 151.

50 R. Fish, 'A Few Days in Ireland', *The Journal of Horticulture and Cottage Gardener* (10 March 1863), pp. 184-5.

51 Shirley Hibberd, *The Amateur's Flower Garden* (London, 1871), p. 17.

52 D. Thomson, 'The Panelling System of Planting Long Flower Borders', *The Journal of Horticulture and Cottage Gardener* (4 March 1862), p. 451.

53 Shirley Hibberd, 'A Geranium Pyramid', *The Floral World* (July 1864), p. 150. このピラミッドはヒバード著『アマチュア園芸家のための庭づくり *The Amateur's Flower Garden*』1892年の版にも掲載され (p. 82)、2011年にはロンドンのジェフリー博物館（現在のホーム博物館）に再現された。

54 'Notes on Pelargoniums', *The British Florist* (1 January 1841), p. 40.

55 Patmore, 'The Paragon', in *The Angel in the House*, p. 25.

56 Loudon, *The Green-house Companion*, p. 77; Mary Russell Mitford, My Garden, ed. Robyn Marsack (London, 1990), pp. 120, 122.

57 David Stuart, *The Plants That Shaped Our Gardens* (London, 2002), p. 74.

58 Edward Beck, 'The Pelargonium', *The Florist* (November 1848), p. 301.

59 Edward Beck, *A Treatise on the Culture of Pelargoniums* (London, 1846), p. 5.

60 J. Robson, 'A Bundle of Wants in the Bedding Geranium Way', *The Horticultural Journal and Cottage Gardener* (22 April, 1862), p. 65. See also Wilkinson, *The Passion for Pelargoniums*, pp. 124-3; Key, 1001 Pelargoniums, p. 47.

61 Dr T. Foster, 'Calender of Flora and Fauna', *The London Medical Repository* (1 August 1819), p. 122. The name *P. hortorum* (and the name P. domesticum for

Regals) was introduced by L. H. Bailey in *The Standard Cyclopedia of Horticulture* (New York, 1916), vol. v, pp. 253-3.

62 Hibberd, *The Amateur's Flower Garden*, p. 80; Donald Beaton, 'Development of Colour in Flowers', *Journal of Horticulture and Cottage Gardener*, 6 August 1861, p. 354. Beaton's ambition was to create geraniums with blue or yellow flowers. Shirley Hibberd, 'Geraniums', *The Horticulturalist* (July 1870), p .209.

63 Sweet, *Geraniaceae*, vol. iii, no. 226.

64 一重咲きの「ゾナール種」には花弁が5枚、半八重咲きのものは6～9枚、八重咲きのものは10枚以上ある。See Peter Grieve, *A History of Variegated Zonal Pelargoniums* (London, 1868) and, for a fictional account of a florist who makes '£300 by "Mrs Pollock" alone', Thomas Miller, *My Father's Garden* (London, 1867), p. 138.

65 Frances Trollope, *Paris and the Parisians* in 1835 (London, 1836), vol. ii, p. 351.

66 Derek Jarman, *Modern Nature* (London, 1991), p. 11.

67 *The Floral Magazine*, vol. vii (1868), following plate 377.

68 Shirley Hibberd, 'Bedders and Bedding in 1864', *The Floral World* (July 1864), p. 196.

69 Hibberd, 'A Geranium Pyramid', p. 150.

70 Charles Darwin, *The Variation of Animals and Plants Under Domestication* (New York, 1887), vol. ii, p. 201. See also, for example, Charles Darwin, 'Crossing Breeding in Plants', *Journal of Horticulture and Cottage Gardener* (28 May, 1861), p. 151.

71 Darwin, *The Annotated Origin*, p. 251.

72 Darwin, *The Variation of Animals and Plants*, vol. ii, pp. 301, 263, 147.

73 同前 p. 33. ダーウィンは後に「花の構造の変化に伴い、花粉や雌性器官の繁殖力に変化があるかどうかを調べるため」に、「通常の」のペラルゴニウムと突然変異をしたペラルゴニウムを交配して実験を行った。*The Correspondence of Charles Darwin*, vol. ii (1863) (Cambridge, 1999), p. 60.

74 Henry Lonsdale, *John Dalton* (London, 1874), p. 101. The *OED* lists 'geranium- coloured' from 1836 and 'geranium' (as a colour) from 1842, but I've found numerous earlier examples.『オックスフォード英語辞典』では1836年に「ゼラニウム色」、1842年に「(色の種類としての) ゼラニウム」が掲載されているが、私が調べた限りそれ以前の文献も多くの記述が見ら

れる。

75 John Ruskin, 'Light', in *Lectures on Art* (Oxford, 1875), p. 162.

76 Gordon N. Ray, *William Makepeace Thackeray* (London, 1955), vol. i. p. 286.

77 John Ruskin, 'The Roots of Honour', in *Unto This Last and Other Writings*, ed. Clive Wilmer (London, 1997), p. 171. 作家アーサー・キラークーチは、ディケンズがスカーレットゼラニウムを好むのは田舎の生活に関心がないことの証しだと述べた。*Charles Dickens and Other Victorians* (Cambridge, 1925), p. 64.

78 Mamie Dickens, 'Dickens and his Children', *New York Times* (17 March 1884).

79 Charles Dickens, *Martin Chuzzlewit* (Oxford, 1998), p. 622.

80 Charles Dickens, *Dombey and Son* (Oxford, 2001), p. 465.

81 Charles Dickens, *The Letters of Charles Dickens*, ed. Madeline House and Graeme Storey (London, 1965), vol. viii, p. 643.

82 Mamie Dickens, *My Father as I Recall Him* (London, 1886), pp. 61, 63.

83 Peter Ackroyd, *Dickens* (London, 1990), p. xi.

84 Arthur Paterson and Helen Allingham, *The Homes of Tennyson* (London, 1905), note accompanying plate between pp. 64-5. Alfred Tennyson, 'Amphion', in *The Works of Alfred, Lord Tennyson* (Ware, Hertfordshire, 1994), p. 195. William Robinson quotes these lines in *The Wild Garden* (London, 1870), p. 11.

85 Nathaniel Hawthorne, 'The Birth-mark', *Tales and Sketches* (New York, 1982), pp. 764-80.

86 John Ruskin, *The Poetry of Architecture* (London, 1893), p. 205.

87 Forbes Watson, *Flowers and Gardens* (London, 1872), p. 122.

88 Hibberd, *The Amateur's Flower Garden*, pp. 17, 5, 34.

89 Ruskin, *The Poetry of Architecture*, p. 156.

90 William Morris, 'Making the Best of It', in *Hopes and Fears for Art* (Bristol, 1994), p. 90.

91 Richard Ellmann, *Oscar Wilde* (London, 1987), p. 252.

92 Elliott, *Victorian Gardens*, pp. 148-9.

93 Robinson, *The Wild Garden*, p. 13.

94 Octavia Hill, 'Colour, Space and Music for the People', *The Nineteenth Century* (May 1884), 741-52.

95 Thomas Hardy, *Tess of the D'Urbervilles* (London, 1998), p. 38.［トマス・ハーディ著『テス』］。ラスキンも、現代の住宅に使用されている「非常に鮮

やかな赤」のレンガは「芸術の世界にこれまで存在した最も醜い色のひとつ」であり、「自然の美を破壊するもの」だと考えていた。*The Poetry of Architecture*, pp. 189-90.

96　Nathan Cole, *The Royal Parks and Gardens of London* (London, 1879), p. iv.

97　Ruskin, *The Poetry of Architecture,* p. 205; Watson, *Flowers and Gardens*, p. 148; Mrs [Margaret] Oliphant, *Miss Marjoriebanks* (New York, 1867), p. 67; Robinson, *The Wild Garden*, p. 6.

第4章　窓辺のゼラニウム

1　George Eliot, *Felix Holt, the Radical* (Oxford, 1981), pp. 6-7. Among many paintings of geraniumed cottage parlours are F. D. Hardy's *Early Sorrow* (1861) and *The Wedding Breakfast* (1871), W. H. Midwood's *Bedtime Stories* (1872) and William H. Snape's *A Cottage Home* (1891).

2　Fyodor Dostoesvsky, *Poor Folk and Other Stories*, trans. David McDuff (London, 1988), p. 8.［フョードル・ドストエフスキー著『貧しき人びと』］

3　Flora Thompson, *Lark Rise* (1939), in *Lark Rise to Candleford* (London, 2008), p. 99;［フローラ・トンプソン著『ラークライズ』石田英子訳／朔北社／2008年　］George Sturt, Change in the Village [1912] (Cambridge, 2010), p. 231.

4　Lynn Hollens Lees, 'Urban Networks', in *The Cambridge Urban History of Britain*, vol. iii: 1840–1950, ed. Martin Daunton (Cambridge, 2000), p. 70.

5　William Cowper, *The Task* (London, 1855), Book 4, ll. 757–88, pp. 163–4.

6　Louis-Sébastien Mercier, 'Window-Boxes', in *Panorama of Paris*, trans. Helen Simpson, ed. Jeremy D. Popkin (University Park, PA, 1999), pp. 127–8.

7　Charles Dickens, 'London Recreations', in *Sketches by Boz* (London, 1995), p. 119;［チャールズ・ディケンズ著『ボズのスケッチ』］、*Jenny and her Geranium, or, The Prize Flower of a London Court* (London, 1841), p. 145.

8　Thomas Fairchild, *The City Gardener* (London, 1722), p. 8.

9　Waters, *The Garden in Victorian Literature*, p. 165; 'Flower Girls', in *Toilers in London; or Inquiries concerning Female Labour in the Metropolis*, ed. Margaret Harkness (London, 1889), p. 3.

10　Tom Taylor, 'Old Cottages', in *Birket Foster's Pictures of English Landscape with Pictures in Words by Tom Taylor* (London, 1863), p. 18; Peter Bailey, *Leisure and Class in Victorian England: Rational Recreations and the Context for Control,*

1830–1885 (London, 1978).

11 Samuel Broome, 'On the Value of Town Gardens to the Poor', *Transactions of the National Association for the Promotion of Social Science* (London, 1859), p. 643.

12 Revd Samuel Hadden Parkes, *Window Gardens for the People, and Clean and Tidy Rooms; Being an Experiment to Improve the Lives of the London Poor* (London, 1864), p. 23.

13 *Jenny and her Geranium*, pp. 12–13.

14 Harriet Boultwood, *Dot's Scarlet Geranium* (London, 1890), p. 14.

15 'The Pot of Geranium', *Arthur's Home Magazine* (June 1868), pp. 339–40. Translated from German.

16 *Jenny and her Geranium*, p. 152. パークスもまた「植物が社会にもたらす多くの恵み」について述べている。*Window Gardens*, p. 77.

17 See James Winter, *Secure from Rash Assault* (Berkeley, ca, 1999), pp. 196–203.

18 Parkes, *Window Gardens*, p. 30.

19 Julia Matheson, '"A New Gleam of Social Sunshine": Window Garden Flower Shows for the Working Classes 1860–1875', *The London Gardener*, 9 (2003–4), p. 60. オーリキュラやカーネーションなど、もともと花屋で売られていた花にパンジー、ダリア、菊、ゼラニウムなどが加わった。See Julia Matheson, 'Floricultural Societies and their Shows in the East End of London, 1860–1875', *The London Gardener*, 8 (2002–3), 26–33; Ruth Duthie, Florists' *Flowers and Societies* (Aylesbury, 1988); Wilkinson, *The Victorian Gardener*, ch. 6.

20 'Flower Shows in Towns for the Working Classes', *The Journal of Horticulture and Cottage Gardener* (30 April 1861), p. 75.

21 Geoffrey B.A.M. Finlayson, *The Seventh Earl of Shaftesbury, 1801–1885* (London, 1981), p. 76. See also Kenneth Hylson-Smith, *Evangelicals in the Church of England, 1734–1984* (Edinburgh, 1988), pp. 196–201.

22 'The Scarlet Geranium', *The Child's Companion* (1 September 1873), p. 138; Samuel Reynolds Hole, *The Six of Spades: A Book about the Garden and the Gardener* (Edinburgh, 1872), p. 72.

23 'Flower Shows in Towns for the Working Classes', pp. 75–6.

24 Walter H. Bosanquet, 'Flower Shows for the Poor in Town', *Journal of Horticulture and Cottage Gardener* (23 December 1862), p. 760; Parkes, *Window Gardens*, p. 30; 'Recreation', *Transactions of the National Association for the Promotion*

of Social Science, London Meeting 1862, ed. George W. Hastings (London, 1862), p. 817.

25 'Bloomsbury Flower Show', *Journal of Horticulture and Cottage Gardener* (2 July 1861), p. 259; Parkes, *Window Gardens*, pp. 47, 45.

26 *The Story of a Geranium; or, The Queen of Morocco* (London, 1880), pp. 13, 44.

27 'Window Gardening', *The Lancet* (6 July 1867), p. 23. See also 'Exhibitions of Window-Gardened Plants', *Journal of Horticulture and Cottage Gardener* (9 July 1868), p. 27 and, on American ventures, Robert A. Woods and Albert J. Kennedy, *The Settlement Horizon* (New York, 1922), ch. 10.

28 Revd Samuel Hadden Parkes, *How to Grow a Plant; And Win a Prize* (London, 1865), pp. 3–4.

29 Anton Chekhov, 'A Peculiar Man', in *The Schoolmaster and Other Stories*, trans. Constance Garnett (London, 1921), p. 212.

30 George Eliot, 'Janet's Repentance', in *Scenes from a Clerical Life* (London, 1998), p. 211.［ジョージ・エリオット著『牧師館物語』浅野萬里子訳／あぽろん社／1994年］

31 Thorburn, *Forty Years' Residence in America*, p. 94.

32 Parkes, *Window Gardens*, p. 12; George Godwin, *London Shadows* (London, 1854), p. 45; George Godwin, 'Overcrowding in London; and Some Remedial Measures', in *Transactions of the National Association for the Promotion of Social Science* (London, 1862), p. 594.

33 Quoted in Lynda Nead, *Victorian Babylon* (New Haven, ct, 2000), p. 94.

34 Shirley Hibberd, *The Town Garden* (London, 1855), pp. 6–7.

35 Charles Kingsley, *Glaucus* (Cambridge, 1855), p. 131.

36 Revd Samuel Hadden Parkes, *Flower Shows of Window Plants, for the Working Classes of London* (London, 1862), p. 5.

37 John Ruskin, *Modern Painters* (London, 1860), vol. v, p. 165.

38 Charles Kingsley, *Sanitary and Social Lectures and Essays* (London, 1880), p. 32.

39 Jane Jacobs, *The Death and Life of Great American Cities* (London, 1964), p. 101.

40 Kingsley, *Glaucus*, p. 131.

41 Christian Milne, 'Sent with a Flower-Pot, Begging a Slip of Geranium', Simple Poems on *Simple Subjects* (Aberdeen, 1805), p. 64; Mabel A. Clinton, 'Millie's Geranium', *Little Folks* (1892), pp. 51–53.

42 Emma Leslie, 'The Broken Geranium', *Kind Words*, 17 October 1867, p. 333.

43 'The Sulky Geranium', *Our Young Folks Weekly* (17 May 1873), p. 168.

44 Jennie Chappell, 'The Prize Geranium', in *Two Lilies and Other Stories* (London, 1888), pp. 55–64; Mary Russell Day, *John Marriot's Idol; or, The Scarlet Geranium* (London, 1888), pp. 55, 60.

45 For example, in *Ethics for Children*, ed. E. C. Cabot (Boston, ma, 1910).

46 Edward Bulwer Lytton, *The Caxtons* (London, 1949), vol. i, pp. 17–22.

47 George Eliot, *Middlemarch* (Oxford, 2008), p. 84.［ジョージ・エリオット著『ミドルマーチ』］

48 Quoted in F. W. Burbidge, *Domestic Floriculture: Window-gardening and Floral Decoration* (Edinburgh, 1874), p. 6.

49 Louisa May Alcott, *Little Women* (Oxford, 2008), p. 48;［ルイザ・メイ・オルコット著『若草物語』］、*The Floral Knitting Book , or, The Art of Knitting Imitations of Natural Flowers, Invented by a Lady* (London, 1860), pp. 21–2, 26–7. See also Joan Morgan and Alison Richards, *A Paradise out of a Common Field: The Pleasures and Plenty of the Victorian Garden* (London, 1990), pp. 57, 64–6, 196–7.

50 Leigh Hunt, 'Love-letters Made of Flowers', *The Poetical Works* (Boston, MA, 1863), vol. ii, p. 169.

51 Anna Christian Burke, *The Illustrated Language of Flowers* (London, 1856), p. 26. For a 'combined vocabulary' drawn from several books, see Beverly Seaton, *The Language of Flowers* (Charlottesville, va, 1995), pp. 178–9. 52 Charlotte M. Yonge, The Young Step-mother (London, 1861), p. 145.

52 Charlotte M. Yonge, *The Young Step-mother* (London, 1861), p. 145.

53 Charles Dickens, *The Pickwick Papers* (Oxford, 1986), p. 535;［チャールズ・ディケンズ著『ピクウィック・クラブ』］、Dickens, *Dombey and Son*, p. 562.［ディケンズ著『ドンビー父子』］

54 Mrs. C. W. Earle, Pot-pourri from a Surrey Garden [1897] (Chichester, 2004), p. 212.

55 Thomas Hood, *Selected Poems*, ed. Joy Flint (Manchester, 1992), p. 105.

56 Alcott, *Little Women*, p. 48.［オルコット著『若草物語』］

57 *Jenny and Her Geranium*, p. 13.

58 'Her One Treasure', *Our Darlings* (1 June 1889), p. 254; Parkes, *Window Gardens*, p. 50.

59 James J. Gebhard, Introduction to A. F. Veltman, *Selected Stories*, trans. Gebhard (Evanston, il, 1998), p. 8.

60 Veltman, 'Travel Impressions and, among Other Things, a Pot of Geraniums' in *Selected Stories*, pp. 63–94.

61 *Jenny and Her Geranium*, p. 68.

62 Watson, *Flowers and Gardens*, p. 140.

63 Charlotte S. M. Barnes, 'The Dead Geranium', *The Churchman's Magazine*, 8 (1845), p. 7.

64 Dickens, *David Copperfield*, pp. 394–5, 480–82, 805.［ディケンズ著『デイヴィッド・コパフィールド』］

65 Elizabeth Gaskell, *Mary Barton* (Oxford, 2006), pp. 5–6, 14–15, 95.［エリザベス・ギャスケル著『メアリー・バートン：マンチェスター物語』］

66 Charlotte Latour, *Le Langage des Fleurs* (1819), p. 175. My translation.

67 Folly is given by Robert Tyas, *The Language of Flowers* (London, 1868), p. 180; stupidity by Frederic Schoberl, *The Language of Flowers* (Philadelphia, 1848), pp. 216–17, and Henrietta Dumont, *The Language of Flowers* (Philadelphia, 1852), p. 147. For comfort, see Burke, *The Illustrated Language of Flowers*, p. 26.

68 Robert Browning, The Major Works (Oxford, 1997), pp. 59, 170.

69 Thomas Hardy, *Far from the Madding Crowd* (Oxford, 2002), pp. 11–12.［トマス・ハーディ著『はるか群衆をはなれて』清水伊津代、風間末起子、松井豊次訳／大阪教育図書／2020年］

70 Stephen Regan, 'The Darkening Pastoral', in *A Companion to Thomas Hardy, ed.Keith Wilson* (Oxford, 2009), p. 249.

71 Gustave Flaubert, *Madame Bovary*, trans. Geoffrey Wall (London, 1992), pp. 31, 55;［ギュスターヴ・フローベール著『ボヴァリー夫人』］、Laurie Lee, 'Day of These Days', in *The Bloom of Candles* (London, 1947), p. 10.

72 Dostoevsky, *Crime and Punishment*, trans. Jessie Coulson (Oxford, 2008), p. 5.［ドストエフスキー著『罪と罰』］

73 André Breton, *Manifestos of Surrealism*, trans. Richard Seaver and Helen S. Lane (Ann Arbor, MI, 1969), pp. 7–8.［アンドレ・ブルトン著『シュールレアリスム宣言集』森本和夫訳／現代思潮新社／2011年］

74 この少女の年齢には食い違いがあり、ある箇所では14歳、別の箇所では10歳と書かれている。Fyodor Dostoevsky, *The Devils*, trans. Michael R. Katz (Oxford, 1999), pp. 268, 461, 472.［ドストエフスキー著『悪霊』］。出版社

はこの章が過激すぎるとして掲載を見合わせ、彼の生前は出版されなかった。

75 Dostoevsky, *The Devils*, pp. 464, 467, 472.［ドストエフスキー著『悪霊』］

第5章　ゼラニウムの影、そして輝かしい光

1 John Gray, *Silverpoints* (London, 1893), p. xx; Michael Frayn, *Alphabetical Order* (1977), Act 2 (London, 2009), p. 46.

2 'The Point of View', *Scribner's Magazine*, lvi/1 (1914), p. 130.

3 Henry James, *The Spoils of Poynton* (Oxford, 2000), p. 35.

4 Willa Cather, 'The Novel Démeublé' in *Not Under Forty* (New York, 1936), p. 47.

5 Catherine Harwood, *Potted History* (London, 2007), pp. 156–7, 159–60.

6 H. N. Tomlinson, 'The "Heart's Desire"', *The Owl*, 2 (1919), p. 38.

7 'The Point of View', p. 130.

8 Ronald Richings, 'The House of Blood', *Coterie*, nos. 6/7 (1920), pp. 77–85.

9 Alice Martineau, *The Secrets of Many Gardens* (London, 1924), p. 70.

10 Jenny Uglow, *A Little History of British Gardening* (London, 2004), p. 255.

11 Virginia Woolf, *Mrs Dalloway* (London, 1992), pp. 28, 92, 94, 97, 98, 20.［ヴァージニア・ウルフ著『ダロウェイ夫人』］

12 'Celebrating 90 Years of Geranium Day', at www.glfb.org.uk に2012年5月28日に最終アクセス。

13 Louis MacNeice, *Collected Poems* (London, 2007), pp. 95–6; 141–3.

14 Aldous Huxley, *Brave New World* (London, 1994), p. 43;［オルダス・ハクスリー著『すばらしい新世界』］、David Gascoyne, *Collected Poems* (Oxford, 1988), p. 25.

15 T. S. Eliot, *The Complete Poems and Plays* (London, 1969), p. 24; Jules Laforgue, Poems, trans. Peter Dale (London, 1986), p. 409. エリオットは、「ラフォルグの詩を読めば、もう誰もゼラニウムについて語ろうとは思わなくなるだろう」と述べた。*The Letters of T. S. Eliot*, vol. ii: *1923–1925* (London, 2009), p. 241. See also T. S. Eliot, *Inventions of the March Hare, Poems 1909–1917* (London, 1996), p. 142.

16 T. S. Eliot, 'The Metaphysical Poets', *Selected Prose* (London, 1975), pp. 65–6.

17 See Uldis Ports, 'Geraniums vs. Smokestacks: San Diego's Mayoralty Campaign of 1917', *The Journal of San Diego History*, xxi/3 (Summer 1975), pp. 50–56.

18 Eliot, *The Complete Poems and Plays*, p. 25.

19 Sylvia Plath, 'Leaving Early', *Collected Poems* (London, 2002), p. 145. ゾナール種はアメリカでは「フィッシュ・ゼラニウム」ともよばれている。Louise Beebe Wilder, *The Fragrant Garden* (New York, 1974), p. 184.

20 Eliot, *Inventions of the March Hare*, pp. 23–4.

21 Arthur Miller, *Focus* (1945) (London, 1958), p. 70. Storm Jameson, *A Day Off* (London, 1933), p. 11; Storm Jameson, *The Moon is Making* (London, 1937), pp. 320–21; Flannery O'Connor, 'The Geranium', *Collected Stories* (London, 1990), pp. 7, 14. Thanks to Anna Kanakova for the Jameson references.

22 Regina Spektor, 'Back of a Truck', 11:11 (2001); A. M. Homes, *Music for Torching* (London, 1999), pp. 201, 84; William Kotzwinkle, *E.T. The Extra-Terrestrial* (New York, 1982), pp. 92–3.

23 Also by Cézanne, see *Geranium and Larkspur in a Delft Vase* (1873), *Pots of Geraniums* (1888), and *Still Life with Fruit and Geraniums* (1894), and, by Matisse, *Still Life with a Geranium* (1906) and *Spanish Still-life* (1910–11).

24 The text was taken from the script of D. W. Griffith's film *Intolerance* (1916).

25 In 1865 La Muette greenhouses produced 870,000 bedding plants for Paris's gardens and parks. Clare A. P. Willesdon, *Impressionist Gardens* (London, 2010), p. 23.

26 Hassam's Geraniums features his wife Maude in the doorway of their rented house in Villiers-le-Bel, near Paris. Willesdon, *Impressionist Gardens* p. 67, 153.

27 Clare A. P. Willesdon, *In the Gardens of Impressionism* (New York, 2004), p. 169.

28 Derek Jarman, *Chroma* (London, 1994), p. 33.［デレク・ジャーマン著『クロマ』川口隆夫、津田留美子訳／河出書房新社／2002年］See also Anthea Callen, *The Art of Impressionism* (New Haven, ct, 2000), pp. 73–5.

29 See *Monet's Terrace at Sainte-Adresse* (1867).

30 The others are *Camille in the Garden with Jean and his Nurse* (1873) and *The Luncheon* (1873), which formed the focal point of the 1876 Impressionist Exhibition. Willesdon, In the *Gardens*, p. 131.

31 Mary Mathews Gedo, *Monet and his Muse: Camille Monet in the Artist's Life* (Chicago, 2010), pp. 130–33; Joel Isaacson, *Claude Monet, Observation and Reflection* (Oxford, 1978), p. 208; Willesdon, *In the Gardens*, p. 148.

32 Gedo, *Monet and his Muse*, p. 133.

33 'O Glaros' ('The Seagull'), music by Manos Hadjidakis and lyrics by Alekos Sa-

kellarios, from the 1961 film *I Aliki sto naftiko* (*Aliki in the Navy*). Translation from the Greek by Ali Smith.

34 Willesdon, *In the Gardens*, p. 18.

35 D. H. Lawrence, 'Education of the People', in R*eflections on the Death of a Porcupine and Other Essays*, ed. Michael Herbert (Cambridge, 1988), p. 153.

36 D. H. Lawrence, 'Red Geranium and Godly Mignonette', *Complete Poems* (London, 1972), vol. ii, p. 690.

37 D. H. Lawrence, *Sea and Sardinia* (Cambridge, 1997), p. 120; ［D・H・ロレンス著『海とサルデーニャ：紀行・イタリアの島』武藤浩史訳／晶文社／1993年］、D. H. Lawrence, Twilight in Italy (Cambridge, 2002), p. 123. ［ロレンス著『イタリアの薄明』小川和夫訳／南雲堂／ 1987年］

38 D. H. Lawrence, *The Rainbow* (London, 2007), p. 346. ［ロレンス著『虹』］

39 *The Journal of Katherine Mansfield*, ed. J. Middleton Murray (London, 1954), p. 157.

40 同前 ., p. 9; D. H. Lawrence, *The Letters*, vol. v: 1924–27, ed. James T. Boulton and Lindeth Vasey (Cambridge, 1989), p. 376; Lawrence, 'Butterfly', *Complete Poems*, vol. ii, p. 696.

41 Leigh Hunt, *The Autobiography* (Boston, MA, 1870), p. 324.

42 Joanna Trollope, *A Spanish Lover* (London, 2010), p. 274; John Mortimer, *Summer's Lease* (London, 1988), p. 46.

43 Gertrude Jekyll, 'Colour in the Flower Garden', in William Robinson, *The English Flower Garden* (London, 1998), p. 121; Willesdon, *In the Gardens*, p. 25.

44 Walter P. Wright, *The Perfect Garden* (London, 1908), p. 22.

45 Robinson, *The English Flower Garden*, p. 20; Gertrude Jekyll, *Wood and Garden* [1899] (Cambridge, 2011), p. 264, 210.

46 Judith B. Tankard and Martin A. Wood, *Gertude Jekyll at Munstead Wood* (Stroud, 1996), p. 98.

47 Jekyll, 'Colour in the Flower Garden', p. 121.

48 Jekyll, *Wood and Garden*, pp. 266–8. 19世紀末のイギリスでは、赤いゼラニウムについて語るときには「私は嫌いではない」と前置きするのが常だった。See, for example, Earle, *Pot-pourri from a Surrey Garden*, p. 133.

49 Jekyll, *Wood and Garden*, p. 268.

50 芸術家は「化学者や装飾家が作り出す色の『法則』を鼻で笑っている」というジーキルの言葉は、フランスの化学者ミシェル＝ウジェーヌ・シュ

ヴルールへの皮肉だと思われる。 Jekyll, 'Colour in the Flower Garden', pp. 120–21.

51 ジーキルが設計したほかの庭には、赤いキンギョソウと多年草のシャグマユリ、ペンステモンが用いられた。Richard Bisgrove, *The Gardens of Gertrude Jekyll* (Berkeley, ca, 1992), p. 185; Tankard and Wood, *Gertrude Jekyll at Munstead Wood*, p. 23.

52 「私の目は繊細で美しいものを見過ぎてきた」とジーキルは書いている。「今人気の『ヘンリー・ジャコビー』には耐えられない。この色は強くどぎついくせに非常にくすんでいて、不快感を覚えずにはいられない」。Gertrude Jekyll, *Colour Schemes for the Flower Garden* [1914] (London, 1988), pp. 71–2; 147–8; 101–2. Jekyll, *Wood and Garden*, p. 267.

53 Tankard and Wood, *Gertrude Jekyll at Munstead Wood*, p. 24.

54 Joris-Karl Huysmans, *Against Nature*, trans. Robert Baldick (London, 2003), pp. 22, 83.

55 Marcel Proust, *The Way by Swann's* (1913), trans. Lydia Davis (London, 2003), p. 178; Laforgue, *Poems*, p. 199.

56 Carson McCullers, *The Member of the Wedding* (London, 2001), p. 185; Albert Camus, *The Stranger*, trans. Matthew Ward (New York, 1988), p. 18; Virginia Woolf, *To the Lighthouse* (Oxford, 2006), pp. 37, 30–31.

57 Walter Benjamin, 'Berlin Childhood around 1900 (final version)', in *Selected Writings*, vol. iii: 1935–1938 (Cambridge, MA, 2002), p. 346.

58 Nella Larsen, *Passing* (1929) (New York, 2002), p. 37.

59 Maude E. Miner, *Slavery of Prostitution: A Plea for Emancipation* (New York, 1916), p. 164.

60 Harper Lee, *To Kill a Mockingbird* [1960] (London, 2010), pp. 188, 197.

61 [M.E. Braddon] *Birds of Prey* (London, 1867), 3 vols, vol. i, pp. 2–3, 5–6.

62 Frederick Wertham, *A Sign for Cain* (New York, 1966), ch. 9, 'The Geranium in the Window'.

63 Walker Percy, *The Thanatos Syndrome* (New York, 1987), pp. 274–8. [ウォーカー・パーシー著『タナトス・シンドローム』吉野荘児訳/角川書店/1989年]

64 Kurt Gerstein, 'Deathwatch at Bełz. ec', in *A Holocaust Reader*, ed. Lucy S. Dawidowicz (New York, 1976), pp. 107–8.

65 Rodgers and Hammerstein, 'Geraniums in the Winder', *Carousel* (1945). [ミュー

ジカル『回転木馬』より「窓辺のゼラニウム」。リチャード・ロジャース作曲、オスカー・ハマースタイン2世作詞]。1956年に映画化された際にはこの曲は使用されなかった。

66 Ann Petry, *The Street* (London, 1947), p. 25.[アン・ペトリー著『ストリート』並河亮訳／改造社／ 1950年]

67 William H. Young and Nancy K. Young, *The 1950s* (Westport, ct, 2004), p. 97.

68 John Cross, *The Book of the Geranium* (London, 1951), pp. 113–14.

69 'The London Geranium', *The Times*, 21 September 1950, p. 5;Wilkinson, *The Passion for Pelargoniums*, p. 223. See also 'How "Gustav Emich" was Introduced', *The Times* (26 September 1950), p. 4. In the 1970s 'Gustav Emich' was replaced by the 'Sprinter' range. Janet James, 'Cultivation and Sales of *Pelargonium* Plants for Ornamental Use in the uk and Worldwide', in *Geranium and Pelargonium*, ed. Maria Lis-Balchin (London, 2002), p. 81.

70 ジョン・クロスが創設した協会は、その後英国ペラルゴニウム・ゼラニウム協会と改称された。彼が参考にしたのは、1940年から1942年まで活動していたアメリカ・ペラルゴニウム協会だ。1950年には（アメリカを拠点とする）国際ペラルゴニウム協会が設立されている。（1953年に国際ゼラニウム協会に改称）。アメリカの状況については、国際ゼラニウム協会会長のフェイ・ブラウナー氏にご教示いただいた。Cross, *The Book of the Geranium*, pp. 75, 112–13.

71 クリフォードは、エンジェル種はスウィートが著書で描写した「アンジェリン」という品種によく似ていると考えた。現代の交配種はアーサー・ラングレー・スミスによるものだ。Anne Wilkinson, *The Passion for Pelargoniums* (Stroud, 2007), pp. 220–21; Faye Brawner, *Geraniums: The Complete Encyclopedia* (New York, 2003), pp. 90, 121.

72 For much more detail, see Brawner, *Geraniums* and Key, *1001 Pelargoniums.*

73 See www.geraniaceae-group.org/developing_zonartic.html and www.prize-pelargoniums.com.

74 Elizabeth Kent, *Flora Domestica* (London, 1823), p. 145. The 2008 *International Register and Checklist of Pelargonium Cultivars* had over 15,000 entries; a 2011 Addendum listed a further 1,200.

75 F2種子（F1植物の交配または自家受粉により生産される）はより多様な株を生み出し、生産コストははるかに安い。

76 Wilkinson, *The Passion for Pelargoniums*, pp. 234–5; James, 'Cultivation and

sales', pp. 81–2.

77 2010年5月20日、多国籍企業シンジェンタ社のスティーヴ・ウォルター氏に電話取材。

78 Nona Koivula, 'History of the Flower Seed Industry', in *Flower Seeds: Biology and Technology*, ed. M. B. McDonald and F. Y. Kwong (Cambridge,　MA, 2005), p. 24.

79 'Bedding Plants', University of Kentucky Agricultural College Information Sheet, at www.uky.edu に2012年5月28日に最終アクセス。 James, 'Cultivation and Sales', p. 90.

80 A. M. Homes, 'The Bullet Catcher', *The Safety of Objects* (London, 1990), p. 97.

81 Cross, *The Book of the Geranium*, p. 69.

82 Cicely Mary Barker, *A Flower Fairies Treasury* (London, 1997), p. 92. See also Martin Postle's discussion in *Art of the Garden*, eds. Nicholas Alfrey, Stephen Daniels and Martin Postle (London, 2004), pp. 110–11.

83 Jeanette Oke, *The Red Geranium* (Minneapolis, 1995), p. 67; Kate Millett, *Mother Millett* (London, 2002), p. 127.

84 Linda Newbery, *Lob* (Oxford, 2010), p. 179.

85 Barbara Johnson, *Daily Splashes of Joy* (Nashville, tn, 2000), entry for 23 January. Johnson's other books include *Stick a Geranium in Your Hat and Be Happy!* and Plant a Geranium in Your Cranium.

86 *The Collected Letters of Katherine Mansfield*, vol. v: 1922–1923, ed. Vincent O'Sullivan and Margaret Scott (Oxford, 2008), p. 124.

87 Clement Wood, 'Rose-Geranium', *Glad of Earth* (New York, 1917), p. 15; Ivan Turgenev, 'Asya', in *First Love and Other Stories*, trans. Richard Freeborn (Oxford, 2008), p. 143.［イワン・ツルゲーネフ著『片恋』］

88 Marcel Proust, *By Way of Saint-Beuve*, trans. Sylvia Townsend Warner (London, 1958), p. 17.［マルセル・プルースト著『サント＝ブーヴに反論する』］

89 Marcel Proust, *The Captive*, trans. Scott Moncrieff, Terence Kilmartin and D. J. Enright (London, 2000), p. 428.［プルースト著『失われた時を求めて』第5巻「囚われの女」］

90 Juan Francisco Manzano, *The Autobiography of a Slave*, trans. Evelyn Picon Garfield and Ivan A. Schulman (Detroit, 1996), pp. 89, 91.

91 See Frédéric-Emmanuel Demarne, '"Rose-scented Geranium": *A Pelargonium* Grown for the Perfume Industry', in *Geranium and Pelargonium*, ed. Lis-Balchin.

92 The Sicilian cosmetics company Ortigia uses oil derived from the mint-scented *P. tomentosum*.
93 Maria Lis-Balchin, 'Geranium Essential Oil', in *Geranium and Pelargonium*, ed. Lis-Balchin, p. 189.
94 Demarne, '"Rose-scented Geranium"', p. 200; Christine A. Williams and Jeffrey B. Harborne, 'Phytochemistry of the Genus *Pelargonium*', in *Geranium and Pelargonium*, ed. Lis-Balchin, p. 99.
95 For ideas on cooking and making cosmetics with scented pelargoniums, see Susan Conder, *The Complete Geranium* (New York, 1992), ch. 5, and *Pelargoniums: A Herb Society of America Guide* (Kirtland, oh, 2006), pp. 21–48.
96 Stephen Hart and Maria Lis-Balchin, 'Pharmacology of Pelargonium Essential Oils and Extracts in vitro and in vivo', in *Geranium and Pelargonium*, ed. Lis-Balchin, p. 116.
97 Elspeth Thompson, *The London Gardener* (London, 2006), p. 111; Marina Christopher, *Late Summer Flowers* (London, 2006), p. 160.
98 F. B. Smith, *The Retreat of Tuberculosis, 1850–1950* (London, 1988), p. 156. For a full account, see S.W.B. Newsom, 'Stevens' Cure: A Secret Remedy', *Journal of the Royal Society of Medicine*, 95 (September 2002), 463–67.
99 David Ellis, *D. H. Lawrence: Dying Game, 1922–1930* (Cambridge, 1998), p. 379. *The Letters of D. H. Lawrence*, vol. vi, eds James T. Boulton, Margaret H. Boulton and Gerald M. Lacy (Cambridge, 1991), p. 350. See also, pp. 226, 361, 367, 413.
100 Gail Patrick and John Hickner, 'This Obscure Herb Works for the Common Cold', *The Journal of Family Practice*, lvii/3 (March 2008), 157–60.
101 A. Timmer, J. Günther, G. Rücker, E. Motschall, G. Antes, W. V. Kern, 'Pelargonium sidoides extract for acute respiratory tract infections', *Cochrane Database of Systematic Reviews* (2008), Issue 3. Art. No.: cd006323. doi: 10.1002/14651858.cd006323.pub2.

終章　変わらない赤色

1 D. H. Lawrence, *Complete Poems* (London, 1972), vol. ii, p. 690; A. A. Milne, *When We Were Very Young* (London, 2007), p. 67.
2 Derek Jarman, *Chroma* (London, 1994), pp. 31–3.［デレク・ジャーマン著『クロマ』川口隆夫、津田留美子訳／河出書房新社／2002年］

3 *The Collected Letters of Katherine Mansfield*, vol. iv: 1920–1921, ed. Vincent O'Sullivan and Margaret Scott (Oxford, 1996), p. 312. The angel's visit to previously barren Sarah is an allusion to Genesis 18:1–15.

4 *The Collected Letters of Katherine Mansfield*, vol. iv, pp. 316–317.

5 ミルウォーキー美術館で展示されているアウグスト・マッケの『青い山を背にしたゼラニウム』(1911年) も似た構図の作品だ。違う点は、マッケが描く山、家、ゼラニウムは漫画を思わせる筆致であり、鮮やかでどこか温かい雰囲気を漂わせているということだ。

カシア・ボディ（Kasia Boddy）
ケンブリッジ大学アメリカ文学の教授、同大学フィッツウィリアム・カレッジの特別研究員。20世紀後半のアメリカ短編文学で博士号を取得し、英米の文学や映画について幅広く発表を行っている。著書に『*The American Short Story Since 1950*（1950年以降のアメリカ短編小説）』（2010年）『*Blooming Flowers: A Seasonal History of Plants and People*（咲きほこる花：植物と人の四季の歴史）』（2020年）、編著に『*The New Penguin Book of American Short Stories*（アメリカ短編小説集）』（2011年）など。

富原まさ江（とみはら・まさえ）
出版翻訳者。『目覚めの季節～エイミーとイザベル』（DHC）でデビュー。小説・エッセイ・映画・音楽関連など幅広いジャンルの翻訳を手がけている。訳書に『花と木の図書館 桜の文化誌』『同 ベリーの文化誌』『図説 デザートの歴史』『「食」の図書館 ベリーの歴史』『同 ヨーグルトの歴史』（原書房）、『ノーラン・ヴァリエーションズ：クリストファー・ノーランの映画術』（玄光社）、『サフラジェット：平等を求めてたたかった女性たち』（合同出版）ほかがある。

花《はな》と木《き》の図書館《としよかん》

ゼラニウムの文化誌《ぶんかし》

●

2022年5月26日　第1刷

著者……………カシア・ボディ

訳者……………富原《とみはら》まさ江《え》

装幀……………和田悠里

発行者……………成瀬雅人

発行所……………株式会社原書房

〒160-0022 東京都新宿区新宿1-25-13

電話・代表03(3354)0685

振替・00150-6-151594

http://www.harashobo.co.jp

印刷……………新灯印刷株式会社

製本……………東京美術紙工協業組合

ISBN 978-4-562-07167-8, Printed in Japan